리폼드 시리즈 REFORMED SERIES

개혁주의는 하나님 중심, 말씀 중심, 교회 중심의 신학을 말합니다. '성경으로 돌아가자.'던 종교개혁자들의 외침을 따라 하나님의 주권에 복종하고 성경의 권위를 인정하고 근본 교리를 믿었던 사람들이 바로 개혁주의자들입니다. 존 칼빈, 존 번연, 리처드 백스터, 조나단 에드워즈, 존 오웬 등은 대표적인 개혁주의 신학자들입니다. 그들 신앙의 중심에는 성경이 있었고 성경의 바른 교리를 따라 성도들을 가르쳤습니다. 오늘 우리는 그 어느 때보다 신앙의 근본이 절실한 시대를 살고 있습니다. 생명의말씀사는 신앙 선배들의 깊은 통찰이 담긴 양서들을 새롭게 단장하여 한국교회를 섬기고자 합니다.

존 번연의
좁은 문
The Strait Gate

The Strait Gate
OR GREAT DIFFICULTY OF GOING TO HEAVEN
PLAINLY PROVING, BY THE SCRIPTURES, THAT NOT ONLY THE RUDE AND PROFANE, BUT MANY GREAT PROFESSORS, WILL COME SHORT OF THAT KINGDOM

by John Bunyan

Korean Edition published by Word of Life Press, Seoul ⓒ 2022.
All rights reserved.
Printed in Korea.

존 번연의 좁은 문
ⓒ 생명의말씀사 2022

2022년 5월 30일 1판 1쇄 발행
2024년 1월 3일 3쇄 발행

펴낸이 | 김창영
펴낸곳 | 생명의말씀사

등록 | 1962. 1. 10. No.300-1962-1
주소 | 서울시 종로구 경희궁1길 6 (03176)
전화 | 02)738-6555(본사) · 02)3159-7979(영업)
팩스 | 02)739-3824(본사) · 080-022-8585(영업)

기획편집 | 태현주, 유영란, 전보아
디자인 | 윤보람
인쇄 | 영진문원
제본 | 보경문화사

ISBN 978-89-04-16793-7 (04230)
ISBN 978-89-04-00161-3 (세트)

저작권자의 허락없이 이 책의 일부 또는 전체를
무단 복제, 전재, 발췌하면 저작권법에 의해 처벌을 받습니다.

존 번연의
좁은 문

The Strait Gate

존 번연 지음 | 우성훈 옮김

이 책에 대하여

천국 문과 천국 입성의 어려움

성경 저자가 아닌 사람 중에 보아너게, 곧 우레의 아들이라는 이름을 가질 자격이 있는 사람이 있다면 이 책의 저자일 것이다. 그는 가장 중요한 저 문의 협소함이나 정확한 규격을 면밀하고도 충실하게 보여 준다.

그 문은 치명적인 잘못을 저지른 많은 신앙 고백자들이 천국에 들어가는 것을 용납하지 않을 것이다. 예수 그리스도를 진심으로 사랑하는 사람들에게 그 문은 꽉 끼는 비좁은 문이 아니라, 모두 들어가기에 충분히 드넓은 문이다. 그렇지 않은 다른 사람들에게는 절대로 들어갈 수 없는 좁은 문이지만 말이다.

이 주제는 모든 신앙 고백자들이 심각하게 생각하도록 일깨우고, 그들에게 자극을 주기 위해 고안된 것이다. 그리고 이 주제는 존 번연의 시대에, 특히 스튜어트(Stuart) 왕조 후반에 만연했던 위선적인 신앙 고백자 무리를 겨냥한 것으로 그들의 신념을 뜯어 고치려는 의도를 담고 있다.

호국경 정치 시대(청교도 혁명 이후 1653년부터1659년까지 국가 원수 격인 호국경에 의해 통치되었던 시기-편집자 주)에 사악함이 허용되지 않자 그 악함이 인간의 영혼 속으로 몰래 숨어들어 왔다.

유럽에서 가장 음란한 법정으로 피신했던 타락한 군주가 선조들의 왕관을 차지하라는 요청을 받았을 때는, 가장 방탕하고 세속적인 사람들이 나라 도처에 활개를 치고 있었다. 악은 공공연히 득세한 반면, 덕과 신앙은 공공연히 조롱과 멸시의 대상이 되었다.

이때 번연은 이와 같이 옳은 말들을 했다.

"성경 본문이 예리함을 요구하듯이 시대도 마찬가지다."

"이 시대에 천국 앞에는 종교적으로 부수적인 부분들에만 치중되어 있는 사람들로 넘쳐난다."

"그들은 천국 문 앞에 서서 마치 늪지 표면처럼 흔들릴 것이다. 그들의 거짓된 믿음, 가식적인 사랑, 보여 주기식의 엄숙함, 격식 차린 말들은 아무 소용이 없을 것이다. 어떤 신앙 고백자들은 신앙을 마치 가장 좋은 옷을 다루듯이 일주일 내내 벽에 걸어 두었다가 주일만 되면 꺼내 입는다. 그들은 모임에 참석하거나 신앙이 좋은 방문자를 만나기 전까지는 신앙을 잘 보관해 두기만 한다."

이러한 사회상은 남다른 예리함을 요구했고, 번연은 1676년에 설교한 내용을 책으로 출간하여 그런 신앙 고백자들을 향해 매섭게 경고했다.

'천국 문'과 '천국 입성의 어려움'이라는 주제보다 더 구체적으로 적용될 수 있는 주제는 없을 것이다. 이것은 모든 인류가 가장 많은 관심을 쏟는 주제다.

이 주제는 부주의한 사람들을 자극하여 영원한 불행으로부터 건져 줄 유일한 도피처인 천국 도성 문을 찾아 들어가게 하고, 하나님의 자녀들의 마음을 사랑과 기쁨으로 가득 채워 복된 영생을 기대하게 한다.

또한 위선자들의 마음을 찔러 천국 문이 그들에게 영원히 닫혀 있다는 끔찍한 사실을 알게 한다. 그들이 슬피 울며 부르짖는다 한들 그때는 이미 너무 늦을 것이다. 그들이 문밖에 서서 "주여 주여 우리에게 열어 주소서"(마 25:11)라고 격하게 울부짖게 될 것이다. "마귀들이 다가오고 있습니다. 주여 주여, 지옥이 우리를 향해 입을 벌리고 있습니다. 주여 주여, 주님이 은혜를 베풀어 주시지 않으면 우리에게 남은 거라고는 지옥과 멸망뿐입니다. 주여 주여, 우리에게 열어 주소서."라고 그들이 아무리 부르짖어도 소용없을 것이다.

그들은 바로 천국 문과 천국으로 가는 길을 발견한 척하는 신앙 고백자들로서, 더 나은 곳이나 심지어 천국을 찾아 나서는 순례자로 통하는 사람들이다. 이러한 착각에 빠진 피해자들은 모든 사람들 중에서도 가장 불쌍한 자들이다.

그리스도의 사역자는 인간의 영혼을 다루는 일에 신실해야 한다. 이 책의 저자인 존 번연(John Bunyan)은 남다른 신실함을 소유하고 있는 사람이다. 독자들이여, 그는 당신의 피에 대해 결백할 것이다.

자신이 과연 천국의 문을 찾고 있었는지 스스로에게 심각하게 물어보라. "나는 그 복된 나라에 들어갈 것인가, 아니면 들어가지 못할 것인가?"

공공연하게 세속적으로 사는 사람들에게는 그 어떠한 소망도 있을 수 없다. 당신은 신앙을 고백하는 자인가? 그래도 위험은 여전히 도사리고 있다. "우리가 주의 이름으로 선지자 노릇 하며 주의 이름으로 귀신을 쫓아냈습니다."라고 주장하는 것은 아무 소용없을 것이다(마 7:22).

그들이 고백한 것이 무엇이든 간에, 남몰래 세속적으로 사는 사람들에게도 천국 문으로 들어갈 수 있는 견고한 소망이란 있을 수 없다.

오직 하나님이 그분의 양으로 인정하시는 자, 곧 하나님의 목장 안에서 그분의 음성을 듣고 순종하는 자만이 천국에 들어갈 수 있는 것이다. 다른 사람들에 대해서는 천국 문이 닫혀 있을 것이며 "내가 너희를 도무지 알지 못하니 불법을 행하는 자들아 내게서 떠나가라"(마 7:23)라는 무서운 말씀이 그들을 영원한 어둠으로 몰아낼 것이다.

"구원을 받는 자가 적으니이까"(눅 13:23)라는 질문이 우리 마음에 심어지고, "들어가기를 힘쓰라"(눅 13:24)라는 대답이 우리 양심에 뿌리박히기를 바란다.

번연이 이 본문으로 설교할 때 자비가 없다는 비난을 듣게 된 것은 매우 당연한 일이다. 그래서 『분투하는 자』(The Struggler)에서 찰스 도(Charles Doe)는 이런 일화를 소개했다.

"번연이 곳간에서 설교하며 소수만이 구원받을 것이라고 했을 때 학자들 중 한 명이 번연의 말을 이용하려 했다. 설교가 끝나자 그 학자는 번연에게 '당신은 속이는 자요, 자비가 없는 자니 설교할 자격이 없소.'라고 말했다. 대다수의 청중을 (사실상) 꾸짖는 번연은 자비가 없다는 이유로 설교하기에 적합한 인물이 아니라는 것이다.

그러자 번연이 대답했다. '주 예수 그리스도께서는 배 위에서 해변에 모인 청중을 향해 설교하셨소(마 13장). 그들은 길가, 돌밭, 가시떨기 밭, 좋은 땅 등 네 종류의 땅이며, 그 중에 좋은 땅이 대표하는 사람들만 구원받을 것이라고 하셨소. 당신의 입장은 지금 많은 청중을 (사실상) 꾸짖는 자는 자비가 없다는 이유로 복음을 전하기에 적합하지 않다는 건데, 성경을 보면 주 예수 그리스도께서도 그렇게 하셨소. 당신의 견해에 따르면 예수님도 자비가 없는 분이고 복음을 전하기에 적합하지 않다는 결론에 이르오. 이건 완전한 신성 모독이오. 그런 지옥같이 끔찍한 논리를 버리고 성경 말씀을 이야기하시오.'"

우리가 확실히 알 수 있는 것은 마음이 공허한 위선적인 신앙 고백자들은 영혼의 영원한 관심사를 충실히 다루는 일에 대해 항상 불만을 드러낸다는 것이다. 반면에 진심을 다하는 겸손한 그리스도인은 성경을 살펴보는 일에 가장 감사할 것이며, 만약 잘못을 저질렀을 경우 그의 최후가 돌이킬 수 없을 만큼 굳어지기 전에 바로잡는다는 것이다.

우리 영혼이 성경에서 말하는 천국 문의 크기와 그 문이 우리에게 열릴 수 있는 유일한 조건에 순종하기를 바란다.

많은 사람이 천국에 들어가지 못하게 하는 어려움은 다음과 같은 이유 때문이다.

첫째, 일점일획까지 모두 지켜야 하는 율법의 허락을 통해 천국에 들어갈 수 있다는 사실을 망각하기 때문이다. 그런데 혹시 우리가 회심 때부터 죽을 때까지 그 모든 규례를 가장 거룩하게 지킬 수 있을지라도 만일 그 이전에 이를 어긴 것이 있다면 그 흠은 속죄의 보혈로 씻어야 할 뿐 아니라 또한 그리스도의 몸의 지체인 우리는 그 분 안에서 완전한 순종을 해야 한다.

둘째, 이러한 완전한 의에 굴복하지 않으려는 마음의 성향과 함께 우리는 유혹과 박해라는 외적인 풍랑도 겪고 있다.

"세상은 조롱, 경멸, 냉소, 위협, 투옥, 교수형, 화형, 그리고 수많은 죽음으로 우리를 천국에서 멀어지게 할 것이다. 그러므로 힘쓰라! 다시 말하지만 세상이 이러한 풍랑으로 우리를 이길 수 없다면 우리를 무너뜨리기 위해 아첨하고, 약속하고, 유혹하고, 유인하고, 애원하고 수많은 계략을 꾸밀 것이다. 그래서 세상의 위협에 맞서 강인했던 많은 사람들이 세상의 매혹적인 아첨에 결국 패배하고 말았다."

우리가 은혜로 이 모든 대적으로부터 벗어나, 우리 주님의 기쁨 안에 들어가도록 힘쓰게 되기를 바란다.

조지 오포(George Offor)

저자 서문

천국 문의 정확한 크기

예의 있고 정중한 독자여, 하나님이 나에게 글을 쓸 시간을 주신다면 당신을 위해 가장 위대한 순간에 대하여 쓰고 싶다. 지금 우리가 논하고자 하는 것은 그리스도인 사이에서 논쟁이 되는 것이 아니라, 영혼의 구원과 저주에 관한 것이다.

나아가 이 이야기는 소수의 사람들만이 구원받는다는 것에 관한 내용이며, 신앙을 고백하는 다수의 사람들이 영생에 이르지 못할 것임을 입증하는 이야기다. 날카로울 수밖에 없는 주제이기에 어떤 사람들은 싫어하겠지만, 당신은 거부하지 말기를 바란다. 성경 본문은 예리함을 요구한다. 이제 나는 당신을 향한 내 의무를 충실히 이행하고자 한다.

나는 피리를 불지 않고 슬피 울려고 한다. 당신도 슬피 울었으면 좋겠다(마 11:17). 어떤 사람들은 천국 문을 너무 넓게 만들고, 또 어떤 사람들은 너무 좁게 만들어 버린다. 나는 할 수 있는 한 하나님의 말씀이 제시하는 정확한 크기대로 이야기를 전하겠다. 내 글을 읽어 보고 성경과 비교해 보라. 그래서 내 이론과 하나님의 말씀이 일치하고 있음을 느낀다면 받아들이라. 심판의 날에 그 반대로 답하게 될 것이다.

하나님이 허락하신다면 일깨움을 줄 이 글은 당신을 위해 예비되어 있었다. 필요하다면, 그리고 이 글로 인해 상처를 받게 된다면, 그리스도의 보혈로 치유되기를 바란다. 이 글이 평정심을 잃게 한다면, 그리스도의 보혈로 평안을 찾기를 바란다.

이 글은 누군가에게서 참된 은혜를 빼앗으려고 쓴 글이 아니다. 그러므로 이 글이 무익하여 당신의 모든 것을 앗아간다면, 그리스도로부터 "불로 연단한 금을 사서 부요하게 하고 흰 옷을 사서 입어 벌거벗은 수치를 보이지 않게 하고 안약을 사서 눈에 발라 보게 하라"(계 3:18). 자화자찬을 하거나 자기기만에 빠지는 것은 손쉽고 즐거울지 몰라도 멸망을 가져온다.

주님은 당신 자신과 이 책에 대해 올바로 판단할 수 있는 마음을 주셔서 영생을 대비하게 하실 것이다. 그래서 당신은 천국에 들어갈 것이라고 기대하게 될 뿐만 아니라, 하나님과 그리스도의 나라로 받아들여지게 될 것이다. 아멘.

그렇게 기도하며 당신의 친구 존 번연(John Bunyan)

CONTENTS

이 책에 대하여 천국 문과 천국 입성의 어려움   / 4
저자 서문 천국 문의 정확한 크기   / 12

01 좁은 문   / 19

02 천국에 대한 암시   / 25

03 천국에 들어가는 일에 대한 설명   / 29

04 천국에 들어가기 위해 힘쓰라는 권고   / 43

05 천국에 들어가기 위해 힘써야 하는 동기 / 61

06 소수만 천국에 들어갈 것이다 / 93

07 소수만 구원받는 이유 / 121

08 전체 내용의 활용과 적용 / 135

좁은 문으로 들어가라
멸망으로 인도하는 문은 크고 그 길이 넓어
그리로 들어가는 자가 많고
생명으로 인도하는 문은 좁고
길이 협착하여 찾는 자가 적음이라

마태복음 7장 13-14절

The Strait Gate

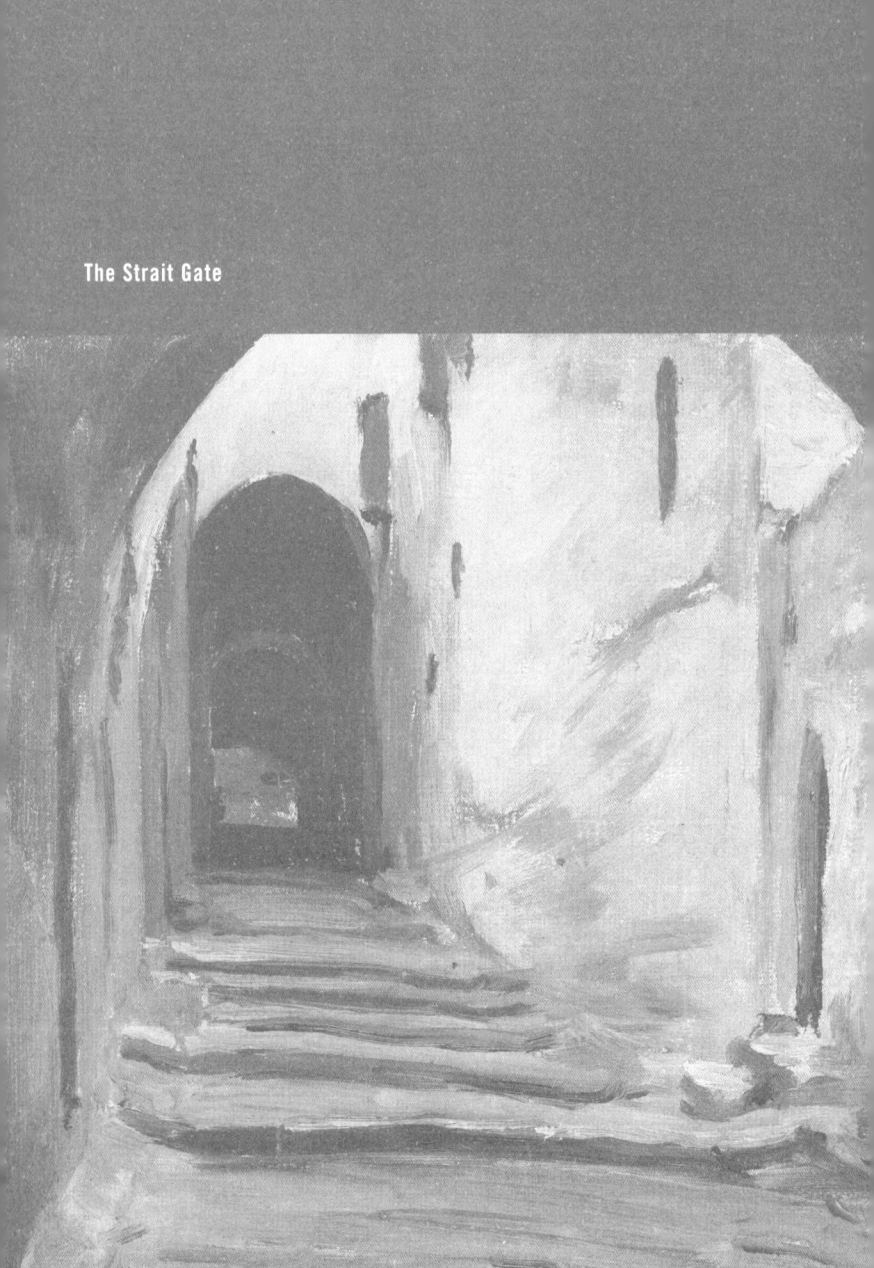

01

좁은 문

"좁은 문으로 들어가기를 힘쓰라 내가 너희에게 이르노니 들어가기를 구하여도 못하는 자가 많으리라"(눅 13:24).

우리는 우리 주 예수 그리스도께서 하신 이 말씀에 특별히 주의를 기울여야 한다. 게다가 이 말씀의 주제는 가장 중대한 주제, 더 정확히 말하자면 우리가 어떻게 구원을 받는가에 관한 이야기이므로 더욱 주의를 기울일 필요가 있다.

이 말씀은 당시에 제자들과 함께 있던 사람이 예수 그리스도께 던진 질문에 대한 답변이었다. 그 질문은 "주여 구원을 받는 자가 적으니이까"(눅 13:23)라는 것이었다.

이것은 요즘에 들리는 수많은 질문들처럼 청중을 멸망시키려는 의도를 갖고 있는 심각한 질문이 아니다. 이 말씀은 속성상 무리를 선한 방향으로 일깨우고, 사람들에게 유익을 줄 수 있는 대답을 요구하는 질문이다. 이 질문은 또한 예수 그리스도를 기쁘시게 해서 예수님이 날카롭게 응수하거나 불쾌한 마음 없이 대답하시게 만드는 질문이었다.

예수님의 대답은 질문 자체에 대한 가장 명쾌한 답이 담겨 있어 질문하는 사람들에게 도움이 되었다. "그들에게 이르시되…들어가기를 힘쓰라."

이 말씀은 대답이자 가르침이기도 하다. 첫째, 문이 좁아 찾는 사람들은 많으나 소수만 구원받게 될 것이라는 확고한 대답이다. 둘째, 이 대답은 "들어가기를 힘쓰라."라는 좋은 조언이자 가르침이기도 하다.

하나님이 나와 독자들, 그리고 자신이 받은 구원을 사랑하는 모든 사람들이 이 가르침을 받아들일 수 있도록 도우시기를 기도한다.

나는 누가복음 13장 24절을 통해 이 진리를 살펴볼 것이다. 우선 본문을 전반적으로 설명한 다음(1-5장), 각 구절을 관찰해 보도록 하겠다(6-7장).

먼저 이 말씀의 전반적인 관점은 위대한 일, 즉 '구원'에 관한 것이다. 본문은 구원을 직접적으로 가리키며 구원에 관한 가르침을 주기 때문이다. "구원을 받는 자가 적으니이까…좁은 문으로 들어가기를 힘쓰라."

본문은 우리가 어떻게 해야 구원받을 수 있는지에 대해 이야기하고, 구원에 대한 소망을 품게 함은 물론 그것을 이해하고 구하도록 만든다. 따라서 이 말씀은 너무나 중요하다.

구원받는 것은 무엇인가? 죄와 지옥으로부터, 하나님의 진노와 영원한 저주로부터 구원받는다는 것은 어떤 것일까? 하나님과 그분의 은혜와 나라, 영원한 영광의 상속자가 된다는 것은 어떤 것일까?

이 모든 것이 구원받았다는 말과 "구원을 받는 자가 적으니이까?"라는 질문에 대한 대답에 담겨 있다.

그러나 사실 '구원받는'(saved)이라는 단어는 저주를 진심으로 두려워하는 사람들을 제외하고는 세상에서 거의 사용되지 않고 있다. 이 단어는 성경에 있는 말로서 마치 집에 잘 보관되어 있는 훌륭한 연고와도 같다.

연고를 상처에 바르고 나면 연고에 대해서는 한동안 생각하지 않게 된다. 가족 중에 상처나 염증이 있는 사람이 이제 없기 때문이다. 의사의 안경과 그가 아끼는 것들로 가득 차 있는 통처럼 아플 때 귀하게 여겨지는 것은 무엇인가? 그러나 사람이 낫게 되면 나머지는 잊어버리기 마련이다.

사람들이 죄에 물들어 있고 저주를 두려워할 때 '구원받는'이라는 단어가 발견되는 말씀이 얼마나 감사하게 느껴지는지 모른다. 죄의식의 분노에 끊임없이 놓여 있는 사람에게 이 얼마나 가치 있고, 선하고, 복된 말씀인가? 그러나 모두가 의사를 필요로 하는 것은 아니다. 죄로 물들어 있으나 저주를 두려워하는 사람만이 구원받는다는 의미를 알며, 지옥과 죽음과 저주의 의미를 알고 있다.

"내가 구원받으려면 무엇을 해야 할까?"라는 말은 떨고 있는 죄인의 언어다. "주여, 나를 구원하소서."라는 말은 쇠약해져 가는 죄인의 언어다.

구원을 받지 못할 경우 어느 누구도 '구원받는'이라는 단어에 담긴 영광을 동경하지 않게 된다. 또한 하늘과 땅에 있는 모든 것들이 공허하게 보이기도 한다. 구원받은 사람들은 그 단어에 고스란히 담겨 있는 모든 복을 특권으로 받았다고 믿으며, 그들을 구원하신 하나님을 축복하고 존경한다.

본문의 질문과 대답이 의도하는 것은 다름 아닌 영혼의 구원이므로, 나는 당신이 더욱 진지하게 주의를 기울여 주었으면 좋겠다(히 12장).

다음 단계로 넘어가겠다. 나는 본문에 나오는 특정 구절을 순서대로 살펴보면서 네 가지를 찾아냈다. 그것은 첫째로 천국에 대한 암시(2장), 둘째로 천국에 들어가는 일에 대한 설명(3장), 셋째로 천국에 들어가기 위해 힘쓰라는 권고(4장), 넷째로 천국에 들어가기 위해 힘써야 하는 동기(5장)다.

The Strait Gate

02

천국에 대한 암시

"들어가기를 힘쓰라."라고 예수님이 말씀하실 때 이 구절에는 장소나 상황, 혹은 둘 다 누리라는 암시가 담겨 있다.

'들어가다.'(enter in)는 어디로 들어간다는 뜻인가? 상황을 말하는 것인가, 장소를 말하는 것인가? 아니면 둘 다인가? 그렇기 때문에 우리가 '들어가다.'라는 단어를 읽을 때는 표현되어 있지 않은 좋은 뜻이 본문에 분명히 포함되어 있다고 생각해야 한다.

'들어가다.'는 구원받은 사람들이 존재하는 천국에 들어간다는 뜻이다. 천국은 하나님과 그리스도와 천사들이 계신 곳이고, 의인들의 영혼이 완전해지는 영광스러운 장소다. '들어가다.'는 본문에 표현되어 있지 않지만 또 다른 장소, 즉 하늘에 기록된 장자들의 모임과 교회인 시온 산과 하늘의 예루살렘을 의미한다(히 12:23). 그러므로 이 말은 가장 영광스러운 상황과 세상의 종말을 의미한다. 그리고 한 세대의 사람들이 이 장소와 상황을 영원히 누리며 상속받게 될 것을 보여 준다.

게다가 '들어가다.'라는 단어는 완전한 구원을 그곳에서만 누릴 수 있으며, 그곳에서만 영원한 평안이 있음을 나타낸다. 다른 모든 장소와 상황은 위험하고, 함정과 불완전, 유혹과 고통으로 가득하다. 반면에 천국에서는 모든 것이 선하다. 그곳에는 유혹하는 악마도, 우리를 넘겨주려는 지독히 악한 마음도, 얽어매는 거짓된 욕망도, 우리를 매혹시키는 세상도 없다. 그곳은 모든 것이 영원히 형통할 것이다.

더욱이 구원에 수반되는 모든 것을 그곳에서만 누릴 수 있다. 오직 그곳에만 영원과 영원한 생명이 있다. 그곳에는 영광과 기쁨의 충만함, 그리고 변하지 않는 즐거움이 있다. 그곳에는 있는 그대로 목격 가능한 하나님과 그리스도께서 계시고, 천사들과 성도들도 있다. 또한 그곳에는 죽음도, 질병도, 슬픔도, 탄식도 영원히 존재하지 않는다. 그곳에는 우리의 영광을 가릴 아픔도, 박해자도, 어둠도 없다. 오, 시온 산이여! 이 하늘의 예루살렘이여!(고후 5:1-4, 시 16:11, 눅 20:35-36, 히 12:22-24)

주 예수께서 '–안에'(in)라는 작은 단어에 얼마나 놀라운 일을 담아 두셨는지 보라. 이 단어 안에 천국 전체와 영생이 오롯이 담겨 있다. 이것은 진리의 성경 안에 있는 다른 말씀에서도 살펴볼 수 있다. "문을 두드리라 그리하면 너희에게 열릴 것이니"(마 7:7). "오직 택하심을 입은 자가 얻었고"(롬 11:7).

이 말씀들은 성경을 읽되 주의깊게 읽으라고 가르친다. 읽기만 하는 것이 아니라, 하나님을 향해 마음을 활짝 열고 읽을 것을 강조하는 것이다. 우리가 주의를 기울이지 않으면, 하나님이 빛과 이해력을 주시지 않으면, 우리는 영광스러운 천국과 영원한 구원의 말씀이 담긴 단어를 무심코 지나칠 수 있기 때문이다.

본문에서처럼 종종 천국 전체가 완전히 표현되어 있지 않고 암시되어 있을 때가 있다. 옛 사도들은 성경에서 놀라운 의미들을 이끌어 내곤 했다. 심지어 성경에 들어 있는 여러 가지 일들의 순서나 시기에서조차 말이다. 로마서 4장 9–11절, 갈라디아서 3장 16–17절, 히브리서 8장 13절을 살펴보라.

The Strait Gate

03
천국에 들어가는 일에 대한 설명

천국에 대한 암시가 있는 것처럼 그곳에 들어가는 일에 대한 설명도 있다. 여기에는 이중적 비유가 나온다. 첫째로 그곳은 '문'이라고 불리며, 둘째로 그곳은 '좁은 문'이라고도 불린다. "좁은 문으로 들어가기를 힘쓰라."

'문'이라고 불리는 천국

본문은 '문'이라는 비유로 시작된다. 알다시피 문은 두 가지 용도로 사용된다. 문은 열리고 닫히는 것이므로 결과적으로 안으로 들어오게 하거나 들어오지 못하게도 하는 것이다. 그리고 절기에 따라 두 가지 기능을 동시에 수행하기도 한다.

하나님은 "해가 높이 뜨기 전에는 예루살렘 성문을 열지 말고"(느 7:3)라고 하셨고, "내가 성문을 닫고 안식일이 지나기 전에는 열지 말라"(느 13:19)라고 명하시기도 했다. 슬기로운 다섯 처녀가 도착했을 때는 문이 열리고, 나머지 다섯 처녀가 나중에 도착했을 때는 문이 닫힌 비유에서도 천국의 문을 발견할 수 있다(마 25장).

따라서 천국으로 들어가는 입구를 '문'이라고 하는 것은 입장이 가능한 시간과 불가능한 시간이 있음을 알려 주는 것이다. 이것이 바로 "좁은 문으로 들어가기를 힘쓰라 내가 너희에게 이르노니 들어가기를 구하여도 못하는 자가 많으리라"(눅 13:24)라는 본문에 담긴 중요한 진리다.

성경에는 천국에 가는 사람들이 반드시 들어가야 하는 두 개의 문에 관한 진리가 있다.

첫째, 하나님의 은혜가 이방인들에게 열어 놓은 믿음의 문이 있다. 이 문은 예수 그리스도시다. 이 사실을 그리스도께서 "내가 문이니"라고 직접 증언하셨다(요 10:9, 행 14:27). 이 문을 통해 사람들은 하나님의 은혜와 자비 안에 들어가고, 그리스도의 보혈을 믿음으로 용서를 받아 영생을 소망하며 살아간다. 그래서 예수님은 "내가 문이니 누구든지 나로 말미암아 들어가면 구원을 받고"(요 10:9)라고 말씀하셨다. 다시 말해, 긍휼히 여김을 받고 영생을 기업으로 받는다는 것이다.

둘째, 본문에는 '문'이라고 불리는 또 다른 문이 있다. 이 문은 천국으로 들어가는 통로다. 천상의 집으로 들어가는 입구다. 이 문은 본문 다음 구절(눅 13:25)에서도 두 번 언급된다.

야곱은 벧엘을 "이것은 다름 아닌 하나님의 집이요 이는 하늘의 문이로다"(창 28:17)라고 했다. 즉 그는 천국으로 들어가는 입구를 본 것이다. 하나님의 집인 벧엘에 사닥다리 한 끝이 서 있었고, 다른 한 끝이 천국의 문에 닿아 있었다(창 28:10-17).

야곱이 벧엘에서 보았던 사닥다리는 그리스도의 형상이었다. 그 사닥다리는 천국의 문이 아니라 야곱이 사닥다리 꼭대기에서 본 그 문으로 향하는 길, 곧 교회가 걸어야 하는 길을 가리킨다(창 28:12, 요 1:51).

다시 말하지만, 본문에 나오는 문은 천국으로 들어가는 문 또는 입구라는 것이다. 다음에 대해 생각해 보자.

1. 이 문은 사람들이 그 장소나 나라에 들어가게도 하고 들어가지 못하게도 한다. 그곳은 아브라함, 이삭, 야곱이 있는 곳이며, 강도가 그리스도께 그분의 나라에 함께 있게 해달라고 부탁했을 때 그리스도께서 그와 함께 있을 것이라고 약속하셨던 낙원이다. 이곳은 바울이 이끌려 갔다고 말한 곳이다. 그때

바울은 말로 표현할 수도 없고 또 누구에게도 알려서는 안 되는 말을 들었다(눅 13:28, 23:42, 고후 12:1-6).

그런데 그리스도께서는 천국으로 들어가는 문이나 입구가 아니신가? 그분 없이는 아무도 그곳에 갈 수 없다. 사람들은 그리스도의 공로로 천국을 얻고, 그분은 아버지로서 자신이 원하시는 자들에게 천국을 주시는 제공자이자 배치자이시기 때문이다. 더욱이 그곳은 그분의 집으로 불리며 그분 자신이 주인이시다(눅 13:25). 그러나 우리는 집 주인이 문 자체는 아니라고 말하곤 한다. 사람들은 그분에 의해 천국에 들어간다. 이것은 그분이 천상의 집에 달린 문이나 그 집의 입구여서가 아니다. 그분은 자격이 있다고 여기는 사람들에게 천국을 주시는 제공자이자 배치자로서 그들을 위해 집을 얻은 분이기 때문이다.

2. 이 문은 천국으로 들어가는 통로다. 심판의 날에 대해 특별히 언급하고 있는 본문을 보면, 때가 이르자 그리스도께서는 이전에 선택받은 자들에게 믿음을 주셨던 중재자로서의 자리를 내려놓으시고, 경건하지 않은 사람을 의롭다고 하시는 것이 아니라 죄인을 심판하는 심판자로서 행하실 것이다. 그분은 이제 은혜의 보좌에서 일어나 회개하지 않는 사람들이 들어오지 못하게 문을 닫으시고, 심판의 보좌에 앉으셔서 하나님을 거역하는 죄인들을 다루실 것이다.

그러나 그리스도께서는 힘쓰라고 명하신다. 좁은 문으로 들어가기를 힘쓰라는 것이다. 그러나 그 문이 천국의 문이나 입구라면, 우리는 심판의 날이 될 때까지는 애쓰지 말아야 할 것처럼 보인다. 왜냐하면 그날이 오기 전에는 그 문에 이를 수 없기 때문이다.

그리스도께서 애쓰라고 권고하실 때는 지체되는 것을 인정하거나 묵인하시는 것이 아니다. 자신의 구원을 소홀히 여기라는 뜻도 아니다. 불쌍한 피조물들이 심판을 대비하도록 하시며, 그들이 영광에 들어갈 수 있게 해주는 것들을 얻도록 권면하시는 것이다. 이러한 권면은 이 본문과 매우 흡사하다. "이러므로 너희도 준비하고 있으라 생각하지 않은 때에 인자가 오리라…준비하였던 자들은 함께 혼인 잔치에 들어가고 문은 닫힌지라"(마 24:44, 25:10). 그래서 예수님이 "들어가기를 힘쓰라."라고 말씀하실 때, 그것은 마치 그날에 천국에 들어갈 수 있는 사람은 복이 있다고 말씀하시는 것과 같다.

말할 수 없는 은혜로 자격을 인정받게 될 사람들은 반드시 그날을 미리 대비하며 그에 적합한 삶을 살아야 한다. 적합한 삶을 살아야 할 때는 심판의 날인 그때가 아니라, 은혜의 날인 지금이다. 그러므로 이제 천국에 들어갈 수 있게 해주는 일들을 위해 지금 힘쓰라.

'좁은 문'이라고 불리는 천국

'문'이라고 불릴 때 그 문을 '좁은 문'이라고 일컫는다. "좁은 문으로 들어가기를 힘쓰라." 우리는 이 문의 협소함을 육적인 시각으로 이해하지 말고 영적인 시각으로 이해해야 한다. 천국의 입구를 몸이 꽉 낄 정도의 비좁은 문으로 이해하면 안 된다. 이 문의 협소함은 완전히 다른 성질의 협소함이다.

이 문은 예수 그리스도를 진심으로 은혜롭고 진실하게 사랑하는 모든 사람들이 들어갈 수 있을 만큼 넓지만, 너무 좁아서 어느 누구도 절대 들어갈 수 없다. "내게 의의 문들을 열지어다 내가 그리로 들어가서 여호와께 감사하리로다 이는 여호와의 문이라 의인들이 그리로 들어가리로다"(시 118:19-20). 그러므로 그리스도께서는 '좁은 문'이라는 표현을 통해 합당한 자격 없이는 천국에 들어갈 수 없다는 것을 우리에게 보여 주셨다. 좁은 문은 다른 모든 사람들을 들어오지 못하게 막을 것이다. 그리스도께서 이 비유를 말씀하셨을 때 분명히 유대인들이 잘 알고 있는 구약의 일부 구절을 염두에 두고 계셨을 것이다.

나는 여기서 두 가지를 언급하면서 이야기를 이어 가겠다.

첫째, 하나님은 아담과 하와를 낙원에서 쫓아내셨다. 예수님은 아마도 이 사실에 주목하셨던 것 같다. 그 문은 그들이 나가기에 충분히 넓었지만 다시 들어오기에는 너무 좁았다. 그 이유는 무엇일까? 그것은 그들이 죄를 지었기 때문이다. 그래서 하나님은 에덴동산 동쪽에 그룹 천사들을 세우셔서 빙빙 도는 불 칼로 생명나무에 이르는 길을 지키게 하셨다(창 3:24). 그룹들과 불 칼은 에덴의 입구를 좁혀 아담과 하와가 들어오지 못하게 했다.

영혼들이여, 천국의 문에는 생명나무로 가는 길을 지키는 그룹들과 불 칼이 있다. 그래서 천국에 합당한 삶을 사는 사람들만 좁은 문으로 들어갈 수 있다. 불 칼이 다른 사람들은 들어오지 못하게 할 것이다.

> "불의한 자가 하나님의 나라를 유업으로 받지 못할 줄을 알지 못하느냐 미혹을 받지 말라 음행하는 자나 우상 숭배하는 자나 간음하는 자나 탐색하는 자나 남색하는 자나 도적이나 탐욕을 부리는 자나 술 취하는 자나 모욕하는 자나 속여 빼앗는 자들은 하나님의 나라를 유업으로 받지 못하리라"(고전 6:9-10).

둘째, 아마도 예수님은 이 말씀을 백성들에게 하실 때는 성전 문에 주목하셨을 것이다. 성전 문은 너비가 여섯 규빗이지만 협착하여 부정한 사람들은 어느 누구도 그곳에 들어갈 수 없었다(겔 40:48, 이 구절에 나오는 치수들에 대해서는 여러 해석이 있으며 여기서는 원서대로 기재했음을 밝힌다-편집자 주).

이 문에는 자격을 갖춘 자들만 들어오게 하는 임무를 맡은 문지기가 배치되어 있었기 때문이다. 말씀에 기록된 것처럼 여호야다는 성전 문지기를 세워 부정한 자는 누구든지 들어오지 못하게 했다(대하 23:19).

영혼들이여, 하나님은 성전 문, 즉 천국 문에 문지기를 두셨다. 하나님이 두신 문지기들은 부정한 자들이 들어올 수 없도록 문을 지키고 있다. 세속적으로 살고 속된 신앙을 가진 사람들은 교회의 문으로 들어갈 수 없다. 그들이 하나님을 사랑한다고 맹세해도 소용없다. 하나님은 이처럼 말씀하셨다. "나의 사랑하는 자가 많은 악한 음모를 꾸미더니 나의 집에서 무엇을 하려느냐"(렘 11:15).

나는 우리 주 예수 그리스도께서 천국의 문이 좁다고 말씀하실 때 두 개의 구약 말씀을 염두에 두셨을 것이라고 확신한다. 여기에 확신을 더 심어 주는 것은 본문의 약간 아래에 나오는 내용이다. 예수님은 누가복음 13장 28절에서 "너희가 아브라함과 이삭과 야곱과 모든 선지자는 하나님 나라에 있고 오직 너희는 밖에 쫓겨난 것을 볼 때에 거기서 슬피 울며 이를 갈리라"라고 말씀하셨다.

'쫓아내다.'(thrust out)라는 표현은 자격이 없는데도 천국에 들어가려는 사람들과 분투하며 밀어내는 난폭한 행위를 의미한다. 성전의 문지기들은 바로 이 임무를 위해 무장해야 하며, 용기와 힘을 갖춘 사람들이어야 한다.

요한계시록에서 우리는 거룩한 도성을 만나게 된다. 그곳에는 열두 개의 문이 있으며 각 문에는 열두 천사들이 있다. 그런데 그들은 그곳에서 무슨 일을 할까? 그들이 하는 일 중의 하나는, 속된 것이나 가증한 일을 하는 사람과 거짓말쟁이를 그 성에 들어가지 못하게 하고, 오직 어린양의 생명책에 기록된 사람들만 들어가게 하는 것이다(계 21:27).

이 문을 좁게 만드는 세 가지

그러나 더 구체적으로 이 문을 좁게 만드는 것이 무엇인지 보여 주겠다. 그 문을 좁게 만드는 것에는 세 가지가 있다. 그것은 바로 죄와 율법의 말씀, 그리고 하나님의 천사들이다.

죄

첫째, 세속적인 사람들의 죄가 있다. 이 죄에 대해서는 전반적으로 이미 결론지었으므로 자세히 설명하지 않겠다. 하나님이 계신다는 사실과 도래할 심판에 대한 일반적인 믿음이 있는 곳에서 악인들은 지옥으로 가게 되어 있다. 이것이 하나님을 잊어버린 모든 민족들의 운명이다(시 9:17).

둘째, 신앙 고백자들의 죄도 있다. 달리 말하자면, 부정한 마음과 삶에 어울리는 신앙 고백이 있다. 그러한 죄는 그들의 영혼이 받을 구원을 압도할 것이며, 그 죄의 무게는 무겁디 무거울 것이다. 그 안에 있는 죄의 무거움 때문에 그들은 그들의 영광스러운 고백에도 불구하고 영원한 형벌과 멸망에 빠지게 되는 것이다. 이러한 자들은 그리스도와 하나님의 나라에서 유업을 받지 못한다.

그러므로 어리석은 말에 속아 넘어가지 말라. 이러한 일 때문에 하나님의 진노가 불순종하는 사람들에게 내리는 것이다. 그 어떤 고백도 그들을 구해 주지 못할 것이다(엡 5:3-6). 천국의 문이 너무 좁아서 그들은 들어갈 수 없을 것이다. 인간은 구원의 일부를 맛볼 수는 있지만, 구원 전체를 누릴 수는 없다.

하나님은 이스라엘 백성을 애굽에서 구해 내셨지만 그들을 광야에 던지셨다. "너희가 본래 모든 사실을 알고 있으나 내가 너희로 다시 생각나게 하고자 하노라 주께서 백성을 애굽에서 구원하여 내시고 후에 믿지 아니하는 자들을 멸하셨으며"(유 5). 그래서 처음과는 달리 그들이 믿지 않았기 때문에 약속의 땅에 들어가지 못한 것을 알 수 있다(히 3:19).

율법의 말씀

율법의 말씀도 천국의 문을 좁게 만들 것이다. 율법의 허락 없이는 어느 누구도 그곳에 들어갈 수 없다. 아무도 율법의 행위로 의롭게 되지 않으며, 의롭게 될 수도 없다. 그들이 천국에 들어가려고 하는 의와 거룩함이 율법으로 의롭게 되지 않는 한, 이 좁은 문으로 들어갈 수 있다고 생각하는 것은 헛된 일이다.

이제 율법은 의롭게 하지 않는다. 오직 그리스도의 의로 인해 의롭게 되는 것이다. 그래서 우리가 그리스도의 의 안에 거하지 않으면, 율법이 천국으로 가는 통로를 지키고 있다가 우리를 들어가지 못하게 할 것이다. 모든 사람의 행위는 불로 시험받아 어떤 행위인지 판명될 것이다.

세상에는 율법에 대한 두 가지 오해가 있다. 하나는 사람들이 율법의 의를 통해 좁은 문으로 들어갈 수 있다고 생각하는 것이다. 또 다른 하나는 율법의 허락 없이 천국에 들어갈 수 있다고 생각하는 것이다. 이 두 가지는 모두 틀렸다. 율법의 행위로는 어떤 육체도 의롭게 될 수 없기 때문이다. 동시에 율법의 허락 없이는 어떤 육체도 구원받을 수 없다.

"천지가 없어지기 전에는 율법의 일점 일획도 결코 없어지지 아니하고 다 이루리라"(마 5:18).

율법의 허락 없이 구원받을 수 없는 자는 결국 저주받을 수밖에 없다. 사실 이 율법은 사방을 지키는 불의 칼이다. 그 칼은 오늘날까지 천국으로 가는 길을 지키고 있으며, 모든 불신자들과 부정한 신앙 고백자들을 막아서고 있다. 그 칼은 오직 신실한 사람들에게 길을 열어 줄 것이다. 다른 모든 사람들에게는 삼킬 듯 울부짖는 사자처럼 보일 것이다. 그러므로 율법 때문에 천국 문은 부정한 사람들이 들어가기에는 너무 좁다는 것을 알게 될 것이다.

사도 바울이 고린도 교회를 향해 "불의한 자가 하나님의 나라를 유업으로 받지 못할 줄을 알지 못하느냐"(고전 6:9)라고 말했을 때, 이것은 교인 중 일부를 가리키는 말이었다. 바울은 이렇게 덧붙였다. "너희 중에 이와 같은 자들이 있더니 주 예수 그리스도의 이름과 우리 하나님의 성령 안에서 씻음과 거룩함과 의롭다 하심을 받았느니라"(고전 6:11).

만일 고린도 교회 교인들이 주 예수의 이름으로 죄에서 씻음을 받고, 거룩하게 되고, 의롭게 되지 못했다면, 율법은 그들의 범죄를 이유로 천국에 들어가지 못하게 했을 것이다. 그리고 그들이 들어갈 수 없을 정도로 천국 문을 좁게 만들었을 것이다.

하나님의 천사들

또한 하나님의 천사들로 인해 천국 문은 좁다. 주 예수께서는 세상 끝날까지 추수하라고 말씀하셨고, 천사들은 수확하는 추수꾼이라고 하셨다.

천사들은 곡식을 모아 곳간에 넣어 두는 반면, 하나님을 거역하는 사람들은 모아 불태워 버린다(마 13:39, 41, 49). 따라서 부정한 사람이 율법을 완전히 준수하지 못하고 천사들을 이길 수 없다면, 율법과 천사들을 천국 문에서 끌어낼 수 없다면, 그는 영원히 천국에 들어갈 수 없을 것이다. 천사들의 도움 없이는 심판 날에 아무도 천국에 들어갈 수 없다.

> "그가 큰 나팔 소리와 함께 천사들을 보내리니 그들이 그의 택하신 자들을…사방에서 모으리라"(마 24:31).

좁은 문으로 들어갈 사람들이 거룩한 천사들을 거쳐서 들어간다면, 그들은 언제 그 천국에 들어갈 것이라고 생각하는가? 이것이 바로 세 번째 난제다. 천사들은 천국의 입구를 좁게 만들 것이다. 참으로 의롭지 않은 사람들과 부정한 사람들이 들어가기에는 그 문은 너무 좁다.

The Strait Gate

04

천국에 들어가기 위해
힘쓰라는 권고

여기서는 "들어가기를 힘쓰라."가 아닌 "좁은 문으로 들어가기를 힘쓰라."라는 권고를 다루려고 한다. 그 문이 좁기 때문에 들어가려는 사람들은 반드시 힘써야 하기에, 단어 몇 개가 추가된 것은 적절해 보인다.

'힘쓰다.'(strive)라는 말은 신앙 고백자들이 몹시 나태해지는 것이 자연스러운 일임을 전제로 한다. 그들은 가만히 누워서 팔을 괴고 편하게 천국에 들어갈 수 있다고 생각한다. 그리고 이 단어는 신앙 고백자들이 맞닥뜨리게 될 어려움이 많을 것이라는 사실을 암시한다. 그것은 또한 열심히 노력하는 그리스도인만이 그곳에 들어갈 것이라고 결론짓는 것이다.

'힘쓰다.' 나는 이 단어와 관련하여 세 가지 질문을 해보겠다. 이 질문에 대한 대답이 우리에게 그 의미를 밝혀 줄지도 모른다. 첫째, '힘쓰다.'라는 것은 무엇을 의미하는가? 둘째, 우리는 어떻게 힘써야 하는가? 셋째, 우리는 왜 힘써야 하는가?

'힘쓰다.'라는 것은 무엇을 의미하는가?

이 단어는 무엇을 의미하는가? 그 답은 이렇다.

첫째, 예수님이 "힘쓰라."라고 말씀하신다는 것은 온 힘을 다해 열심히 행하라는 말씀이다. "네 손이 일을 얻는 대로 힘을 다하여 할지어다 네가 장차 들어갈 스올에는 일도 없고 계획도 없고 지식도 없고 지혜도 없음이니라"(전 9:10). 그래서 삼손은 블레셋 사람들을 무너뜨릴 때 온 힘을 다했다(삿 16:30). 다윗 역시 하나님의 성전을 짓고 아름답게 꾸밀 때 온 힘을 다했다(대상 29:2). 우리도 천국에 들어가려면 그렇게 해야 한다.

둘째, 예수님이 "힘쓰라."라고 말씀하신다는 것은 마음과 뜻을 예수님과 천국에 속한 것들에 두라는 요청이다. 어느 누구나 힘쓰는 것은 아니다. 마음을 하나님의 아들에게 드린 사람들만 힘쓴다. 여기서 마음과 뜻이 중요한 부분이다. 구원받는 회심은 모든 지식이나 판단이 아니라, 마음과 뜻을 그리스도께 돌리고 하늘에 있는 것들을 사랑하는 데에 있기 때문이다. 사도 바울은 이것을 확신하고 이렇게 말했다. "너희가 한마음으로 서서 한 뜻으로…협력하는 것과"(빌 1:27).

셋째, 무엇보다도 '힘쓰다.'라는 단어는 여러 가지 다른 용어로 표현된다. "상을 받도록 이와 같이 달음질하라"(고전 9:24-25). "믿음의 선한 싸움을 싸우라 영생을 취하라"(딤전 6:12). "썩을 양식을 위하여 일하지 말고 영생하도록 있는 양식을 위하여 하라"(요 6:27). "우리의 씨름은…통치자들과 권세들과 이 어둠의 세상 주관자들과…상대함이라"(엡 6:12).

그러므로 예수님이 "힘쓰라."라고 말씀하신다는 것은 천국을 향해 달리고, 천국을 위해 싸우고, 천국을 위해 일하고, 천국을 위해 씨름하지 않으면 천국에 들어갈 수 없다는 뜻이다.

우리는 어떻게 힘써야 하는가?

두 번째 질문은 "어떻게 힘써야 하는가?"이다. 일반적인 대답은 법대로 힘써야 한다는 것이다.

> "경기하는 자가 법대로 경기하지 아니하면 승리자의 관을 얻지 못할 것이며"(딤후 2:5).

그러면 법대로 힘쓴다는 것은 무엇을 말하는 것일까?

첫째, 주 예수께서 증오하시는 일들을 하지 않도록 힘쓰라는 것이다. 그렇다. 죄에 대해 피를 흘리면서까지 대항하며 싸우는 것이다(히 12:4). 말씀이 비난하는 모든 것에 대항하는 것이다. 그렇다. 설령 그 비난받는 것들이 우리의 오른손, 오른눈, 오른발이라 해도 마찬가지다. 어떻게든 그 모든 것을 억누를 수 있도록 애써야 한다(막 9:43, 45, 47).

둘째, 법대로 힘쓴다는 것은 말씀이 명령하는 것들을 지키기 위해 힘쓰라는 말이다.

"오직 너 하나님의 사람아 이것들을 피하고 의와 경건과 믿음과 사랑과 인내와 온유를 따르며 믿음의 선한 싸움을 싸우라 영생을 취하라"(딤전 6:11-12).

셋째, 법대로 힘쓴다는 것은 이 세상을 살아가면서 모든 선한 일과 합법적인 일에 대해 철저히 절제해야 한다는 것이다.

"이기기를 다투는 자마다 모든 일에 절제하나니 그들은 썩을 승리자의 관을 얻고자 하되 우리는 썩지 아니할 것을 얻고자 하노라"(고전 9:25).

대부분의 신앙 고백자들은 세상과 그들의 헛된 마음을 받아들이고, 그것에 매달리며, 세상의 욕망과 사랑, 그리고 자신의 부패에 맞서 열심히 노력하기보다는 말로만 부르짖다가 결국 타락의 길을 걷게 된다. 이와 같은 노력은 허공을 치는 것이며, 결국 허무한 결말을 보게 할 것이다(고전 9:26).

넷째, 법대로 힘쓴다는 것은 애쓸 때마다 하나님과 예수님과 함께 동행해야 함을 의미한다. 그렇지 않으면 반드시 실패하고 말 것이다. 바울은 이렇게 말했다.

"이를 위하여 나도 내 속에서 능력으로 역사하시는 이의 역사를 따라 힘을 다하여 수고하노라"(골 1:29).

이것을 올바로 행하려면 다음과 같은 구체적인 일들을 지켜야 한다.

1. 유익이 되지 않는 일이나 말에 힘쓰지 않도록 주의해야 한다. 그렇게 하지 않으면 하나님이 그와 함께하시지 않을 것이기 때문이다. 사도 바울은 "너는 그들로 이 일을 기억하게 하여 말다툼을 하지 말라고 하나님 앞에서 엄히 명하라 이는 유익이 하나도 없고 도리어 듣는 자들을 망하게 함이라"(딤후 2:14)라고 말했다. 그러나 이 시대의 신앙 고백자들은 이러한 죄를 얼마나 많

이 짓고 있는가! 그들의 신앙은 주로 몇 가지 무익한 질문과 말과 일에 대한 헛된 논쟁으로 듣는 사람들을 멸망에 이르게 한다.

2. 죄에 맞서 싸우는 동안 다른 죄를 숨기고 보호하지 않도록 주의해야 한다. 다른 사람들의 죄에 대해 부르짖는 동안 자신의 죄를 용납해서는 안 된다.

3. 신앙을 위해, 복음에 대한 믿음을 위해 힘써야 한다. 우리가 복음과 다가오는 세상의 실재를 믿으면 믿을수록 보다 담대한 마음으로 복을 소유하기 위해 애쓸 것이다(빌 1:27).

"우리가 저 안식에 들어가기를 힘쓸지니 이는 누구든지 저 순종하지 아니하는 본에 빠지지 않게 하려 함이라"(히 4:11).

4. 우리가 믿음으로 힘써야 하는 것처럼 기도를 통해서, 즉 열정적이며 효과적인 기도를 통해서도 힘써야 한다(롬 15:30). 기도하지 않는 신앙 고백자들의 무리를 보라! 그들은 스스로에 대해 어떻게 생각하는 사람들인가? 확실히 천국 문은 이전에도 이 시대만큼 넓었다. 그러나 이전의 그리스도인들은 천국에 들어가기 위해 기도하려는 모습이 요즘보다 훨씬 더 역력했다.

5. 또한 우리는 이 땅에 있는 동료들을 억제시키려 힘써야 한다. 바울은 이렇게 말했다.

"그러므로 나는 달음질하기를 향방 없는 것같이 아니하고 싸우기를 허공을 치는 것같이 아니하며 내가 내 몸을 쳐 복종하게 함은 내가 남에게 전파한 후에 자신이 도리어 버림을 당할까 두려워함이로다"(고전 9:26-27).

이 모든 말씀은 주로 신앙 고백자들에게 선포된 것이다. 그러니 나를 이해해 주기를 바란다.

우리는 왜 힘써야 하는가?

이제 세 번째 질문을 할 차례다. 우리는 왜 힘써야 하는가? 그 답은 이렇다.

첫째, 여기서 힘쓰라고 권면을 받은 것은 그 대상이 애쓸 만한 가치가 있기 때문이다. 그 노력은 천국 전체를 위한 것이며, 그곳에서의 영원한 행복을 위한 것이다. 약간의 명예와 유익과 기쁨을 앞에 둔 사람들은 어떻게 힘쓰겠는가? 다시 말하지만, 그들은 이것을 위해 어떻게 힘쓸 것인가? 이제 그들은 승리자의 썩을 면류관을 위해 힘쓰지만, 우리는 썩지 않을 것을 위해 힘쓴다. 나는 천국과 영생이 우리로 하여금 진정으로 힘쓰게 한다고 생각한다. 하늘이나 땅에 또 어떤 것이 천국이나 영생처럼 사람을 힘쓰도록 자극하겠는가?

둘째, 그렇지 않으면 악마와 지옥이 우리를 확실히 소유하게 될 것이기 때문이다. 악마는 우는 사자처럼 삼킬 자를 찾고 있다(벧전 5:8). 이 타락한 천사들은 항상 깨어 있고, 부지런하며, 지치지 않는다. 그들은 강하고 교활하고 사악하며, 우리의 영혼을 저주할 방법을 찾고 있다. 순전한 비둘기 같은 여러분이여, 힘쓰라!

셋째, 모든 탐욕이 우리의 영혼을 대적하여 싸우기를 힘쓰고 있기 때문이다. "육체의 소욕은 성령을 거스르고"(갈 5:17). "사랑하는 자들아 거류민과 나그네 같은 너희를 권하노니 영혼을 거슬러 싸우는 육체의 정욕을 제어하라"(벧전 2:11).

실제로 자신의 욕망을 억제할 수 있는 그리스도인을 만나거나 발견하기는 쉽지 않다. 그러나 '굴레가 씌어 있고 안장까지 얹힌' 신앙 고백자들을 보는 것은 이상한 일이 아니다. 그들은 마귀로 인해 욕망과 죄와 허영심에 시달리게 되고, 결국 마음의 타락에 휩싸이게 되는 것이다.

넷째, 온 세상이 우리에게 맞서고 있기 때문이다. 우리가 그리스도인이라면 세상은 우리를 미워할 것이다. 세상 사람들은 우리를 미워한다. 세상의 모든 것이, 심지어 우리의 침대와 식탁, 아내와 남편조차도 유혹하는 덫이 될 수 있다. 우리가 그 덫에 맞서 싸우지 않는다면 가장 합법적이라고 생각하는 즐거움이 분명히 우리의 영혼을 지옥에 빠뜨릴 것이다(롬 11:9). 세상은 조롱, 경멸, 냉소, 위협, 투옥, 교수형, 화형, 그리고 수많은 죽음으로 우리를 천국에서 멀어지게 할 것이다. 그러므로 힘쓰라! 다시 말하지만, 세상이 이러한 풍랑으로 우리를 이길 수 없다면 우리를 무너뜨리기 위해 아첨하고, 약속하고, 유혹하고, 유인하고, 애원하고 수많은 계략을 꾸밀 것이다. 그래서 세상의 위협에 맞서 강인했던 많은 사람들이 세상의 매혹적인 아첨에 결국 패배하고 말았다.

악마와 교회 사이, 악마의 후손과 교회의 후손 사이에는 언제나 적대적인 관계가 형성되어 왔다. 미가엘과 그의 천사들, 그리고 용과 그의 천사들 사이에는 끊임없이 전쟁이 일어났다(창 3장, 계 12장). 사람들 사이에서는 이 두 세력, 즉 뱀의 후손과 여인의 후손의 화합을 꾀하고자 하는 대단한 열망과 노력이 있었지만, 그 어떤 것도 이루어질 수 없었다. 세상은 절대 우리와 합류하지 않을 것이라고 말한다. 그리고 우리는 하나님의 은혜로 세상에 합류하지 않을 것이라고 말한다. 그러나 이러한 상황은 말로 끝나지 않았다. 그들과 우리는 서로를 복종시키기 위해 계속 노력했지만, 이러한 노력 역시 효과가 없었다.

그들은 잔인한 고통을 가하는 온갖 방법을 고안하여 우리를 복종시키려고 했다. 칼과 돌, 톱, 불, 야생 동물을 이용해 죽이고, 추방, 굶주림 등 수많은 비극적인 행위로 우리를 죽였다. 한편 우리는 그들의 극악무도한 행위에 맞서 기도와 눈물, 인내와 오랜 기다림, 온유함과 사랑, 건전한 교리와 신실한 증언으로 그들을 우리 편으로 데려오려고 노력했다. 그럼에도 적대감은 여전히 남아 있다. 그래서 그들은 우리를 정복해야만 하며, 우리는 그들을 정복해야만 한다. 한쪽은 반드시 정복되어야만 하는 것이다. 그러나 우리의 전쟁 무기는 육적인 무기가 아니라, 하나님을 통한 권능이다.

다섯째, 기독교에는 게으름으로 얻을 수 있는 것이 아무것도 없기 때문이다. 게으른 사람은 누더기 옷을 입게 되고, 게으른 사람의 포도원은 쐐기풀이 무성하게 자라게 된다(잠 23:21, 24:30-32). 영적인 노력이 수반되지 않는 신앙 고백은 영혼을 천국으로 인도할 수 없다. 우리의 조상들은 부지런하였고, 열심을 품고 주님을 섬겼다(롬 12:11). 그러므로 게으르지 말고, 믿음과 인내로 약속된 것을 받는 사람들을 본받으라(히 6:12).

"들어가기를 힘쓰라." 이 말씀을 처음 읽었을 때, 그리스도인은 이 세상에서 행하는 모든 일에서 자신의 영혼에 신중하게 주의를 기울이고 돌보아야 한다는 것을 암시한다고 생각했다. 그리스도인이 행하는 모든 일에서 말이다. 많은 사람들이 띄엄띄

엄 자신의 영혼을 위하기는 한다. 그러나 사실 그리스도인은 이 세상에서 그가 계획하고 관리하는 모든 행동과 계획에 있어서 자신의 미래와 영원한 선에 특별한 관심을 가져야 한다. 그리스도인은 모든 노력을 기울여 들어가기를 힘써야 하는 것이다.

> "지혜(그리스도)가 제일이니 지혜를 얻으라 네가 얻은 모든 것을 가지고 명철을 얻을지니라"(잠 4:7).

그리스도와 은혜를 얻지 못한다면, 그래서 천국 소망을 얻지 못한다면 아무것도 얻을 수 없다. 떳떳하지 못한 마음, 하나님과의 평안한 관계를 해하는 것, 하나님께 받은 은혜를 잊게 만드는 것과 함께하면 아무것도 얻지 못한다. 이것은 들어가기를 힘쓰는 것이 아니기 때문이다. 종교적이며 세상적인 의무를 다해 은혜 위에 은혜를 더하라.

> "이같이 하면 우리 주 곧 구주 예수 그리스도의 영원한 나라에 들어감을 넉넉히 너희에게 주시리라"(벧후 1:11).

종교적인 의무가 힘쓰는 시간만을 뜻하는 것은 아니다. 그렇게 생각하는 사람은 천국에 들어가지 못한다. 우리의 소명을 신실하게 이루어 감으로 우리의 믿음과 소망에 도움을 줄 수도 있다. 세상적인 방법을 사용하여 하나님의 영광을 공부함으로 영생에 보다 견고히 뿌리내릴 수도 있다.

나는 지금 은혜로 값없이 의롭게 된 그리스도인들에게 말하고 있으며, 또한 그들이 천국에 들어가기를 힘쓰도록 독려하고 조언하는 중이다. 왜냐하면 지금은 믿음과 선한 양심으로 들어가고, 후에는 우리의 몸과 영혼이 들어가기 때문이다. 그리고 덧붙이자면, 지금 믿음으로 들어가는 것이 우리의 영혼에 더 자주 일어날수록, 후에 몸과 영혼이 들어가리라는 소망이 보다 확고해질 것이다.

"들어가기를 힘쓰라." 이 말씀으로 주 예수께서는 영원한 영광을 지니지 못한 신앙 고백자들을 신랄하게 꾸짖으셨다. 세상에서 그들은 신앙에 관해 만들어 내는 모든 소란스러움 속에서 오직 일시적인 것들에 시선을 두고 있다. 어떤 사람들은 세상에서 나름의 관념과 방식으로 소동을 일으키고, 소음과 떠들썩한 소리를 낸다. 아마도 이 모든 것은 떡을 위한 것일지도 모른다. 왜냐하면 그들은 떡을 먹어서 배부르기 때문이다(요 6:26).

그들도 사실상 천국에 들어가기를 힘쓴다. 그러나 그것은 천국에 들어가려는 노력이 아니다. 그들은 신앙의 마지막 때가 되면 좋은 거래가 있을 것이라고 생각한다. 그들에게 신앙이란 신용, 명성, 우대 등을 얻는 길이다. 따라서 그들이 들어가기를 힘쓰는 이유는 이러한 것들을 얻기 위해서다. 그들의 눈에는 좁은 문이라는 것은 없다. 그들에게는 죽어 가고 있는 자신의 불쌍한 영혼에 대한 사랑도 없다. 그래서 예수님의 권면은 그들의 멸망을 예언함으로 그들의 행태를 꼬집고 있는 것이다.

"들어가기를 힘쓰라." 이 말씀은 스스로에 대해 만족하는 사람들을 날카롭게 꾸짖고 있다. 사데 교회의 사자에게 "이름은 가졌으나 죽은 자로다"(계 3:1)라고 꾸짖었던 것처럼 말이다. 또는 라오디게아 교인들이 그들의 신앙을 막연히 확신하며, 빈약하고 형편없는 미온적인 신앙 고백을 만족스럽게 생각했던 사실을 꾸짖었던 것처럼 말이다. 그들은 모두 힘쓰라고 말하는 본문의 권면과는 달리 앉아서 잠만 자고 있었다. 들어가기를 힘쓰라는 권면에도 그들은 천국으로 인도해 줄 수 없는 신앙 고백에 만족해했다.

"들어가기를 힘쓰라." 더 나아가 이 말씀은 우리로 하여금 현재 우리가 받은 은혜의 진실을 증명하게 해준다. 다시 말해, 이 말씀은 우리를 그 은혜의 진실에 대한 증거가 되게 한다. 좁은 문이 천국 문이라면, 그리고 지금 그곳에 들어가기 위해 우리가 사는 동안 그곳에 가기까지 힘써야 한다면, 예수님의 이 권면이 의미하는 것은 우리가 받은 은혜를 이 세상에서 입증하기 위해 모든 합법적인 수단을 동원해야 한다는 것이다. 우리의 은혜가 심판의 날에 그대로 존속한다는 것을 입증하는 것 말이다.

들어가기를 힘쓰라. 진정한 은혜임을 입증해 줄 은혜를 받으라. 그리고 그 은혜를 시험해 보라. 시험해 볼 때 그 은혜가 옳지 않다고 판명된다면 던져 버리고 더 나은 은혜를 구하라. 더 나은 은혜를 받지 못할 경우에 옳지 않은 은혜가 우리를 던져 버리지 않도록 말이다. "불로 연단한 금을 사서"(계 3:18)라는 말씀을 마음에 새기라. 심판의 날에 존속할 믿음과 은혜를 사라. 믿음을 위해 힘쓰라. 은혜를 사고 흰 옷을 사 입어 수치스러운 부정함을 보이지 않게 하라. 안약을 사서 눈에 발라 보게 하라. 이 조언을 명심하라. 이것이야말로 들어가기를 올바로 힘쓰는 것이다.

그러나 우리는 이렇게 말할 것이다. "우리가 받은 은혜를 어떻게 시험해야 할까? 그 은혜가 온전한 은혜인지 변질된 은혜인지 시험해 보기 위해 스스로 시험에 빠지게 두면 될까?" 그에 대한 답은 일부러 시험에 빠질 필요는 없다는 것이다.

하나님은 우리의 죽음의 날이 오기 전에 우리가 받은 은혜들이 온전한지 변질됐는지를 입증할 수 있을 만큼 충분한 시험을 우리에게 주시기로 작정하셨다. 우리에게 충분한 은혜가 있어 견딜 수 있다면, 한 날의 악은 그날로 충분하다. 우리는 우리가 받은 은혜가 온전한지 변질됐는지를 입증하기에 충분한 시험을 겪게 될 것이다. 따라서 하나님이 우리를 도우신다면, 우리는 이 세상을 떠나기 전에 이러한 일들이 어떻게 진행되는지 보게 될 것이다. 더 정확히 말하자면, 우리의 은혜가 천국 문으로 우리를 데려갈 것인지 아닌지를 볼 수 있게 된다는 말이다.

그러나 우리는 우리가 받은 은혜를 어떻게 시험해야 하는가? 이렇게 질문해 보라.

"외적인 시험 속에서 나는 어떠한가?"(히 11:15-16) "죄의 내면적 활동 속에서 나는 어떠한가?"(롬 7:24) "이 세상에서 은혜를 충만히 누리고 있을 때 나는 어떠한가?"(빌 3:14)

그러나 이 세 가지 질문은 어떤 의미를 담고 있는가? 이 질문들은 은혜의 온전함의 여부는 나름의 적절한 시기에 스스로 드러낼 것이라는 의미를 내포하고 있다.

첫 번째, 외적인 시험 속에서 우리가 받은 은혜가 온전한지 어떻게 알 수 있는가? 우리의 충분함을 불신하고, 하나님을 향해 도움을 청하고, 하나님의 이름에 먹칠을 하느니 차라리 죽기를 원하고, 하나님이 시험 속에서 영화롭게 된다면 모든 세상이 주는 것보다 많은 것을 얻었다고 생각하는 것으로 알 수 있다(대하 14:11, 20:12, 행 4장, 20:22, 고후 4:17-18, 히 11:24-25).

두 번째, 죄의 내면적 활동 속에서 우리가 받은 은혜가 온전한 지 어떻게 알 수 있는가? 죄의 내면적인 활동에 맞서 탄식하고, 신앙을 고백하고, 힘쓰고, 기도하는 것으로 알 수 있다. 천국을 소유하고 있더라도 죄의 활동이 남아 있고 우리를 더럽히는 것을 만족하지 않는 것으로 알 수 있다. 그리고 거룩함을 세상에서 가장 아름다운 것으로 여기고 일평생 예수 그리스도를 향해 나아가는 것으로 알 수 있다(슥 12:10, 요 19장, 히 12:14, 시 19:12).

세 번째, 이 세상에서 은혜를 충만히 누리고 있을 때 우리가 받은 은혜가 온전한지 어떻게 알 수 있는가? 참된 은혜를 온 세상보다 귀하게 여기고, 하나님이 우리에게 더 많은 것을 주시기를 진심으로 기도하고, 우리가 이 땅에서 천국과 영광을 누리는 모든 은혜에 만족하지 않는 것으로 우리가 받은 은혜가 온전한 것을 알 수 있다(시 84:10, 눅 17:5, 빌 3장).

"들어가기를 힘쓰라." 그리스도께서 '들어가기를'이라는 말을 추가하신 이유는 명확하다. 더 정확히 말하자면, 이곳에서 누리는 천국에는 영원한 참행복이 없기 때문이다. 이곳에서 우리의 감각과 감정은 그곳과는 달리 진실하지도 영원하지도 않다.

"우리가 여기에는 영구한 도성이 없으므로 장차 올 것을 찾나니"(히 13:14).

천국은 우리 안에 있으므로 들어가기를 힘쓰라. 영광은 우리 안에 있으므로 들어가기를 힘쓰라. 시온 산은 우리 안에 있으므로 들어가기를 힘쓰라. 하늘의 예루살렘은 우리 안에 있으므로 들어가기를 힘쓰라. 천사와 성도는 우리 안에 있으므로 들어가기를 힘쓰라. 그리고 무엇보다도 하나님, 우리 주 예수 그리스도의 아버지, 영광스러운 구속자께서 우리 안에 계시므로 들어가기를 힘쓰라.

"들어가기를 힘쓰라." 개들과 점술가들과 음행하는 자들과 살인자들과 우상 숭배자들과 및 거짓말을 좋아하며 지어내는 자는 다 성 밖에 있을 것이다. 성 밖에는 또한 악마, 지옥, 죽음, 저주받은 영혼들이 있다. 성 밖에는 울부짖음, 눈물, 통곡, 이를 갊이 있다. 성 밖에는 하나님이 악하고 패역한 세대 위에 공의와 권능으로 내리신 모든 고난과 슬픔과 역경이 있다(계 12:9, 22:15, 마 22:13, 25:41, 사 65:13-14, 신 29:18-20). "좁은 문으로 들어가기를 힘쓰라."

The Strait Gate

05

천국에 들어가기 위해
힘써야 하는 동기

이제 우리 주님이 강하게 권면하신 동기를 살펴볼 차례다. 주님은 이전에 천국의 문이 좁다고 우리에게 말씀하셨다. 주님은 그곳에 들어가기를 힘쓰라고 하셨다. 또한 들어가는 데 도움이 되는 것들은 붙잡고, 방해하는 것들에 대해서는 멀리하라고 권면하셨다. 천국에 들어가기 위해 힘써야 하는 동기에는 주의해야 할 점이 다섯 가지가 있다.

첫째, 심판의 날에 누군가는 실망하게 될 것이다. 그들은 들어가고자 하지만 들어갈 수 없을 것이다.

둘째, 소수가 아닌 다수의 사람이 이러한 실망을 겪게 될 것이다. "들어가기를 구하여도 못하는 자가 많으리라."

셋째, 많은 사람들을 잃어버린다는 이 교리는 그리스도의 말씀이 지닌 유효성에 기초하고 있다. "내가 너희에게 이르노니 들어가기를 구하여도 못하는 자가 많으리라."

넷째, 천국에 이르지 못하는 많은 사람들 중 신앙 고백자들이 상당수가 될 것이다. "내가 너희에게 이르노니 들어가기를 구하여도 못하는 자가 많으리라."

다섯째, 은혜와 들어가기를 힘쓰는 일이 부족한 곳에서는 들어가고자 하는 마음과 경쟁이 무익할 것이다. "내가 너희에게 이르노니 들어가기를 구하여도 못하는 자가 많으리라."

이제 나는 이전에 사용하던 방법으로 말씀을 펼쳐 보여 주며 이야기를 진행해 나가겠다.

'많으리라.'라는 말씀의 의미

"내가 너희에게 이르노니 들어가기를 구하여도 못하는 자가 많으리라." 만일 예수님이 '어떤 사람들'이 천국에 이르지 못할 것이라고 말씀하셨다면 그저 주의를 기울이기만 해도 되는 말씀이었을 것이다. 만일 예수님이 '찾는 자 중 어떤 사람들'이 천국에 이르지 못할 것이라고 말씀하셨다면 매우 각성해야 할 말씀이었을 것이다. 그러나 예수님이 '많은 사람들', 즉 '신앙 고백자들 중 많은 사람들'이 천국에 이르지 못할 것이라고 말씀하셨을 때는 매우 각성해야 할 뿐만 아니라 무서운 말씀이기도 한 것이다.

'많으리라.'라는 말씀의 다양한 적용

이 표현은 성경에서 다양하게 적용되고 있음을 알 수 있다.

첫째, '많으리라.'라는 표현은 때때로 세속적이고, 악하고, 하나님을 거역하는 세상을 가리킨다. 예수님이 "좁은 문으로 들어가라 멸망으로 인도하는 문은 크고 그 길이 넓어 그리로 들어가는 자가 많고"(마 7:13)라고 말씀하실 때 그렇다.

여기서 '많다.'라고 하는 예수님의 말씀은 죄와 세속의 넓은 길을 걸으며, 이마에 멸망의 증거를 표시하고 다니는 사람들을 가리킨다. 그들의 일상은 이러한 사실을 분명히 보여 준다(욥 21:29-30, 사 3:9, 잠 4장). "그의 발은 사지로 내려가며 그의 걸음은 스올로 나아가나니"(잠 5:5).

둘째, 이 표현은 때때로 속임수로 하나님의 백성에 속하려고 하는 사람들을 가리킨다. 또한 다니엘이 "많은 사람들이 속임수로 그들과 결합할 것이며"(단 11:34)라고 말했듯이 위선적인 사람들도 여기에 포함된다.

이 본문에서 '많은'이라는 단어는 그들의 실제 신앙적인 모습보다 더 나은 모습으로 가장하는 모두를 포함하는 것이다. 또한 이 표현은 주일 복장을 할 때만 신앙인 행세를 하며 자신을 드러내거나, 어울릴 만한 일행에 낄 때만 신앙인인 척하는 사람들을 포함한다.

셋째, 이 표현은 때때로 그리스도를 배반한 사람들을 가리킨다. 믿는 동안에 시험을 당하면 떨어져 나가는 사람들을 말하는 것이다. 요한도 그리스도의 제자들 중 일부에 대해 이렇게 말했다. "그때부터 그의 제자 중에서 많은 사람이 떠나가고 다시 그와 함께 다니지 아니하더라"(요 6:66).

넷째, 이 표현은 때때로 교회에서 큰 소리를 내며 많은 일을 하지만 구원의 은혜가 부족한 사람들을 가리킨다. 그리스도께서는 "그날에 많은 사람이 나더러 이르되 주여 주여 우리가 주의 이름으로 선지자 노릇 하며 주의 이름으로 귀신을 쫓아내며 주의 이름으로 많은 권능을 행하지 아니하였나이까 하리니"(마 7:22)라고 말씀하셨다. 명심하라. 이러한 사람들이 많은 것이다.

다섯째, 이 표현은 때때로 온갖 교리에 휘둘리는, 불쌍하고 무지하고 미혹된 사람들을 가리킨다. 그들은 숨어 있다가 불안정한 영혼을 현혹시키는, 교활하고 술수가 뛰어난 사기꾼에게 사로잡힌 자들이다. "여럿이 그들의 호색하는 것을 따르리니 이로 말미암아 진리의 도가 비방을 받을 것이요"(벧후 2:2).

여섯째, "땅의 티끌 가운데에서 자는 자 중에서 많은 사람이 깨어나 영생을 받는 자도 있겠고 수치를 당하여서 영원히 부끄러움을 당할 자도 있을 것이며"(단 12:2)에서 볼 수 있듯이 이 표현은 때때로 선하고 악한 세상 모두를 포함한다(요 5:28-29).

일곱째, 마지막으로 때때로 이 표현은 선한 사람들과 심지어 구원받게 될 사람들을 가리킨다(눅 1:16, 2:34).

'많으리라.'라는 말씀은 본문에서 어떻게 적용되는가?

이후로 이 표현은 다양하게 적용되고 있기 때문에 본문에서 어떻게 이해해야 하는지 살펴볼 필요가 있다.

첫째, 이 표현을 진심으로 하나님을 섬기는 사람들에게 적용해서는 안 된다. 그들은 멸망하지 않기 때문이다(요 10:27-28).

둘째, 이 표현은 세상 전체에 적용될 수 없다. 그때는 어떤 육체도 구원받지 못하기 때문이다.

셋째, 이 표현은 드러내 놓고 세속적인 삶을 살고 있는 사람들에게만 적용되어서도 안 된다. 그렇게 되면 남몰래 세속적인 삶을 살고 있는 위선자들은 제외되기 때문이다.

넷째, 그러나 본문에서 주님이 말씀하시는 많은 사람들은 특별히 신앙 고백자들을 가리킨다. 그들이 지금은 고상해 보일지 몰라도 심판의 날이 되면 구원받는 은혜가 전혀 없을 것이다.

본문에서 신앙 고백자가 특별히 지칭되고 있으므로 주님이 "들어가기를 구하여도 못하는 자가 많으리라."라고 말씀하셨을 때는 그분이 손가락으로 가리키시는 많은 사람들을 특별히 의미한다는 사실을 염두에 두어야 한다. 더 정확히 말하자면 그들은 주님이 가르치셨던 사람들 가운데 있었으며, 주님 앞에서 먹고 마셨던 사람들 가운데 있었다(눅 13:26). 그들은 주님의 이름으로 예언했고, 귀신을 쫓아냈으며, 놀라운 일들을 많이 행했던 자들이었다(마 7:22). 그들이 바로 본문에서 주님이 가리키시는 많은 사람들이다. 그러나 주님이 멸망을 선언하시는 다른 본문에서는 다른 사람들도 포함되어 있다.

좁은 문과 관련하여 마태는 그 문을 찾는 자가 적다고 말한다. 그러나 본문에 줄곧 나오는 사람들은 그 문을 찾은 것처럼 보인다. 그들이 문을 두드리며 "주여 열어 주소서"(눅 13:25)라고 말했기 때문이다. 따라서 본문이 좁은 문을 찾는 소수의 사람들 중 다수가 들어갈 수 있다는 것을 의미한다고 느껴질 수도 있다. 그러나 그것은 불가능할 것이다.

심판의 날에 어떤 사람들은 바위를 향해 자신을 숨겨 달라고 울부짖을 것이며, 어떤 사람들은 천국 문 앞에서 열어 달라고 울부짖을 것이다. 바위를 향해 자신을 숨겨 달라고 부르짖는 사람들은 그들의 양심이 하나님을 대면하게 내버려 두지 않을 자들이다. 왜냐하면 그들은 현재 죄 아래 있으며, 어린양의 진노에 대한 큰 두려움에 빠져 있기 때문이다(계 6:16).

그리고 천국 문 앞에 서서 울부짖는 사람들은 그들의 확신이 최후까지 남은 자들이다. 심지어 그들은 담대하여 예수 그리스도와 천국에 들어가는 문제를 놓고 씨름할 수도 있는 자들이다. 그들은 신앙을 고백하며, 귀신을 쫓아내고, 온갖 놀라운 일들을 행하며 변론하는 자들이다. 그들은 모두 본문에 나오는 많은 사람들이다.

우리가 여러 시대의 신앙 고백자들과 하나님의 영원한 말씀을 비교할 수 있다면, 이러한 교리가 자녀들에게 더 쉽게 다가올 것이다. 많은 사람들, 즉 신앙 고백자들의 무리 중 얼마나 적은 수의 사람들이 이 세상에서 하나님 앞에 걷고 있다는 인식을 지닌 채 자녀들 사이에서 하나님의 영광을 배우려는 마음을 품고 있겠는가! 얼마나 적은 수의 사람들이 그들의 육체적 관심사보다 하나님의 이름을 그들의 마음 가까이에 두겠는가! 아니, 많은 사람들이 하나님의 말씀, 하나님의 이름, 하나님의 길을 세상적인 유익을 얻기 위한 구실로 삼지 않겠는가?

하나님은 믿음, 선한 양심, 절제, 자기 부인, 겸손, 경건함, 성도와 원수를 향한 사랑, 마음과 말과 삶 속에서 하나님의 뜻에 순응하는 모습을 요구하신다. 그런데 그들은 다 어디에 있는가?(막 11:22, 벧전 3:16, 히 13:5, 빌 4:5, 마 10:37-39, 골 3:1-4, 미 6:8, 계 2:10, 요 15:17, 요일 4:21, 마 5:44, 잠 23:26, 골 4:6)

'내가 너희에게 이르노니'라는 말씀의 의미

"내가 너희에게 이르노니…많으리라." 이 말씀은 이전에 주장된 진리를 증명하기 위한 두 가지 주장을 담고 있다.

첫째, 예수님은 제자들을 직접적으로 지목하고 계신다는 것이다. "내가 너희에게 이르노니." 여기에서 '너희'는 예수님의 제자들과 예수님 앞에서 먹고 마신 사람들을 말한다. 그리스도께서는 종종 자신의 말씀을 직접 제자들에게 전하시지만, 그들을 위해서라기보다는 다른 사람들을 위해서였다고 나는 알고 있다. 그러나 여기서는 다르다. 제자들 중 일부를 직접적으로 언급하고 있는 것이다. 예수님은 그들에게 말씀하셨다.

> "너희가 밖에 서서 문을 두드리며 주여 열어 주소서 하면 그가 대답하여 이르되 나는 너희가 어디에서 온 자인지 알지 못하노라 하리니 그때에 너희가 말하되 우리는 주 앞에서 먹고 마셨으며 주는 또한 우리를 길거리에서 가르치셨나이다 하나 그가 너희에게 말하여 이르되 나는 너희가 어디에서 왔는지 알지 못하노라 행악하는 모든 자들아 나를 떠나가라 하리라"(눅 13:25-27).

'내가 너희에게 이르노니'라는 말씀은 다름 아닌 우리를 가리키는 것이다. 신앙 고백하는 사람들이 지혜로우면서도 우레 같은 설교를 들을 때 보통 이렇게 말하곤 한다. 이제 설교자를 통해 술 취한 자, 맹세하는 자, 거짓말하는 자, 탐욕을 부리는 자, 간음하는 자의 문제를 해결했다고 말이다.

그런데 그들은 이러한 죄들이 영적이며 신비스러운 방법으로 저질러질 수도 있다는 것을 잊고 있는 것이다. 영적인 술 취함, 영적인 간음도 있다. 사람은 하나님이 아버지가 아닌데도 아버지라고 부르고, 그리스도인이 아닌데도 자신을 그리스도인이라고 부르는 거짓말쟁이일 수도 있다.

따라서 이 끔찍한 설교 안에 등장하는 모든 공격은 우리가 알고 있는 사람들보다는 바로 우리와 관련이 있는 것이다. "내가 너희에게 이르노니." 이 우레 같은 말씀은 신앙 고백자들인 우리에게 적용되는 것이다(계 2:9, 3:9).

"내가 너희에게 이르노니." 예수님이 이 말씀을 통해 언젠가는 신앙 고백자들 중에 추방이 일어날 것임을 보여 줄 계획이 애초에 없었다면, 본문처럼 말씀하실 필요가 없었을 것이다. 예수님은 그러한 계획을 갖고 계셨다.

본문의 문장은 '내가 너희에게 이르노니'라는 말씀 없이도 그 의미를 충분히 쉽게 이해할 수 있다. 그러나 사실은 신앙 고백자는 위험에 처해 있다는 것이다. 설교자, 청중, 기적을 일으킨 자들, 놀라운 일을 행한 자들 모두는 그들이 성취한 것과 상관없이 멸망의 위험에 빠질 수 있다. 그러므로 이러한 진리를 우리에게 일깨워 주려면 본문은 이와 같이 기록되어야 하는 것이다. "내가 너희에게 이르노니 들어가기를 구하여도 못하는 자가 많으리라."

아직도 신앙 고백자들이 위험에 처해 있다는 사실을 알지 못하겠는가? '내가 너희에게 이르노니'라는 말씀이 성도 사이에서 유명한 누군가가 받을 영원한 멸망에 대한 예언인 줄 아직 알지 못하겠는가?

아직 그것을 모르겠다면 눈을 열어 달라고 하나님께 기도하라. 그리고 자신이 받을 몫이 누가복음 13장 28절에서 언급된 사람들 중 하나가 받을 몫과 같이 되지 않게 해달라고 기도하라. "너희가 아브라함과 이삭과 야곱과 모든 선지자는 하나님 나라에 있고 오직 너희는 밖에 쫓겨난 것을 볼 때에 거기서 슬피 울며 이를 갈리라."

"내가 너희에게 이르노니…많으리라." 앞서 말한 것처럼 이 말씀은 이전에 주장된 진리를 증명하기 위한 두 가지 주장을 담고 있는데, 그 중 하나는 특별히 신앙 고백자들을 가리키고 있다는 것이다.

둘째, '내가 너희에게 이르노니'라는 말씀은 진리이신 예수님이 직접 하신 말씀으로서 권위로 가득 차 있다. 다른 누구도 아닌 그리스도께서 말씀하신 것이다. 주님이 다른 곳에서 우리에게 "이 말을 하는 자가 나인 줄을 알리라 내가 여기 있느니라"(사 52:6)라고 말씀하신 것처럼 말이다. 우리가 지금 살펴보고 있는 말씀을 주신 분은 서툴고 미숙한 설교자가 아니라, 하나님의 지혜 그 자체시다. 그분은 하나님의 품속에 영원히 계신 분이며, 결국 하나님의 뜻을 가장 완벽하게 알고 계신 분이고, 세상 끝 날에 신앙 고백자들이 어떻게 될지 아시는 분이다. 이제 예수님이 직접 "천지는 없어질지언정 내 말은 없어지지 아니하리라"(마 24:35)라고 하신 말씀에 귀기울이라.

 "내가 너희에게 이르노니." 선지자들은 이러한 표현을 화두로 사용하여 말한 적이 없다. 거룩한 사도들도 마찬가지다. 이렇게 말한다는 것은 그 내용을 화자의 권위 아래 둔다는 뜻이다. 그들은 '주님이 말씀하시기를'이나 '바울, 베드로, 사도, 하나님의 종이 말하기를'이라고 표현하곤 했다. 그러나 지금 우리가 다루는 것은 하나님의 아들이 하신 말씀이다.

 '내가 너희에게 이르노니'라는 말씀을 하신 분은 바로 하나님의 아들이시다. 따라서 우리는 그리스도의 입으로 주장되고 확증된 많은 신앙 고백자들의 멸망에 관한 진리를 만나게 된다.

이러한 생각은 엄청난 일깨움을 가져다준다. 그러나 오늘날 많은 사람들은 깊은 잠에 빠져 있다. "보라 신랑이로다 맞으러 나오라"(마 25:6)라는 날카롭고 무시무시한 외침만이 그들을 깨울 수 있을 것이다.

신앙 고백자들에게 닥칠 두 가지 일

"내가 너희에게 이르노니." 이 말씀의 근거가 될 수 있는 두 가지 사실이 있다. 첫째, 세상에는 은혜가 아니지만 은혜 같아 보이는 것이 있다는 것이다. 둘째, 성령을 거스르는 죄로 불리는 죄가 있는데, 그 죄는 구속받지 못한다는 것이다. 신앙 고백자들은 이 두 가지 사실에 맞닥뜨리게 된다.

첫째, 세상에는 은혜가 아니지만 은혜 같아 보이는 것이 있다.

1. 이것은 분명한 사실이다. 하나님의 백성처럼 "육체의 모양을 내려 하는 자들"(갈 6:12), "외모로 자랑하는 자들"(고후 5:12), "겉으로는 아름답게 (보이는 자들)"(마 23:27)이 있기 때문이다. 그러나 이러한 사람들에게는 하나님의 백성이 입은 은혜가 없다(사 57:3-4).

2. 또한 이와 관련된 경고가 성경에서 빈번하게 나오는 것을 통해 분명히 알 수 있다. "스스로 속이지 말라"(갈 6:7), "사람이 자기를 살피고"(고전 11:28), "너희는 믿음 안에 있는가 너희 자신

을 시험하고"(고후 13:5)와 같은 표현들은 은혜가 사실 전혀 없는 곳에 은혜처럼 보이는 것이 존재할 수 있음을 암시한다.

3. 이것은 바로 이 일에 대해 성령이 내리신 결론을 통하여 분명히 알 수 있다.

> "만일 누가 아무것도 되지 못하고 된 줄로 생각하면 스스로 속임이라"(갈 6:3).

여기서 성령은 사람이 스스로 대단한 사람이나 된 것처럼 생각할 수도 있고, 은혜를 지니지 않았으면서 지녔다고 생각할 수도 있다고 말씀하신다. 또한 사람은 천국과 다른 세상을 위해 스스로 무엇이라도 된 것처럼 생각할 수도 있다고 말씀하신다. 사실상 천국과 전혀 관련이 없는데도 말이다. 성령은 또한 이 점에 대해 단호하게 말씀하신다. 다시 말해, 그러한 생각을 갖는 사람들은 스스로를 속이는 것이라고 하신다. 그는 자기 영혼을 속이고 천국과 구원에 관하여 스스로를 속이는 것이다.

> "그가 그 본 것에 의지하여 그 육신의 생각을 따라 헛되이 과장하고"(골 2:18).

4. 본문은 명확히 전하고 있다. "내가 너희에게 이르노니 들어가기를 구하여도 못하는 자가 많으리라." 그렇다. 위대한 빛, 위대한 역할, 위대한 일, 천국에 대한 대단한 확신이 하나님이 선택한 자들의 믿음, 성령의 사랑, 구원을 위한 회개, 성령의 거룩하게 하심, 그래서 결국 구원받는 은혜가 존재하지 않는 곳에 존재할 수 있다는 것이다.

둘째, 성령을 거스르는 죄로 불리는 죄가 있는데 그 죄는 구속받지 못한다. 그리고 그 죄는 신앙 고백자들에게 더욱 빈번하게 발생한다.

이러한 죄가 있다는 사실은 마태복음과 마가복음에서 분명히 드러난다. "누구든지 말로 성령을 거역하면 이 세상과 오는 세상에서도 사하심을 얻지 못하리라"(마 12:32). "누구든지 성령을 모독하는 자는 영원히 사하심을 얻지 못하고 영원한 죄가 되느니라"(막 3:29).

따라서 사람이 이 같은 죄를 범할 수 있다는 사실을 우리가 안다면 그 사람을 위해 기도해서도 안 되고, 그 사람에 대해 동정심을 가져서도 안 된다(요일 5:16, 유 22).

이 죄는 보통 신앙 고백자들이 저지른다. 그들은 "한 번 빛을 받고 하늘의 은사를 맛보고 성령에 참여한 바 되고 하나님의 선한 말씀과 내세의 능력을 맛보고도"(히 6:4-5) 이러한 죄를 범한 사람들이다. 베드로 역시 그들이 용서받을 수 없는 죄를 짓는다고 묘사하고 있다.

> "만일 그들이 우리 주 되신 구주 예수 그리스도를 앎으로 세상의 더러움을 피한 후에 다시 그 중에 얽매이고 지면 그 나중 형편이 처음보다 더 심하리니"(벧후 2:20).

히브리서 10장도 이와 동일한 내용을 담고 있다.

> "우리가 진리를 아는 지식을 받은 후 짐짓 죄를 범한즉 다시 속죄하는 제사가 없고 오직 무서운 마음으로 심판을 기다리는 것과 대적하는 자를 태울 맹렬한 불만 있으리라"(히 10:26-27).

그러므로 그들은 이러한 죄의 먹잇감이다. 이 죄는 '신앙 고백자들'을 갉아먹으며, 그러한 죄를 짓는 사람들은 이 포식자의 입 속에 자주 빠지게 된다. 어떤 사람들은 악마의 속임과 교리 때문에 죄의 입 속으로 빠지기도 한다. 또 어떤 사람들은 개와 함께 개가 토했던 것에 돌아가거나, 몸을 씻고도 돼지와 함께 다시 더러운 구덩이에서 뒹굶으로 죄의 입 속에 빠지기도 한다(벧후 2:22). 다른 곳에서 이미 설명했으니 여기서는 이 죄에 대해 구체적으로 설명하지는 않겠다. 분명히 그러한 죄는 존재하며, 이 죄를 범한 사람들은 절대 용서받지 못할 것이다.

그래서 다시 말하지만, 용서받을 수 없는 죄를 짓는 신앙 고백자들의 수는 대부분이 알고 있는 것보다 더 많으므로 우리 모두 그러한 사람들을 살피자. 주님은 그들이 그러한 죄를 짓고 있음을 깨닫게 하신다. 은혜 없는 신앙 고백과 성령께 거스르는 죄의 독을 가진 많은 사람들이 천국에 들어가기를 구해도 들어갈 수 없기 때문이다.

'들어가기를 구하여도'라는 말씀의 의미

"들어가기를 구하여도." 타락한 사람들이 문 앞에서 멈추게 될 천국은 마지막 심판 때에 온 세상이 갈망하는 곳이 될 것이다. 그리고 특히 본문의 그들은 그곳에 들어가고자 할 것이다. 그때 그들은 기록된 대로 천국에 들어가게 될 사람들에게 복이 있음을 알게 될 것이다. "자기 두루마기를 빠는 자들은 복이 있으니 이는 그들이 생명나무에 나아가며 문들을 통하여 성에 들어갈 권세를 받으려 함이로다"(계 22:14). 그들이 들어가기를 구할 것이라는 사실을 내가 이미 입증했지만 시간 날 때 마태복음 25장 11절, 7장 22절, 누가복음 13장 28절을 읽어 보기를 바란다. 그들이 들어가려고 하는 이유를 알려 주기 때문이다.

그들이 들어가기를 구하는 이유

첫째, 이제 그들은 천국이 어떤 곳인지, 천국에 있는 영광이 어떤지를 알게 될 것이다. 그리고 그들은 그들이 천국에 들어갈 자격이 있다고 간주되는 복도 알게 될 것이다. 천국이 큰 관심을 얻지 못하는 이유는 보이지 않기 때문이다. 천국의 영광은 세상의 눈으로부터 감추어져 있다. 그들은 보아도 보지 못하고, 들어도 듣지 못한다. 그러나 그들도 듣고 보게 될 것이다. 이 모든 것이 다 지나가면, 그때 천국에 대해 거의 생각하지 않던 사람들이 들어가기를 구할 것이다.

둘째, 이제 그들은 지옥이 어떤 곳인지, 지옥에 있는 멸망이 어떤지를 그 어느 때보다 분명히 알게 될 것이다. 또한 주님의 숨결이 마치 흐르는 유황처럼 그곳을 어떻게 불태우는지도 알게 될 것이다. 오, 악마와 그의 사자들을 위해 준비된 풀무불이 타오르는 광경을 보라! 이러한 사실은 전능하신 하나님의 날에 그들의 영혼에 영향을 줄 것이다. 그래서 그들은 들어가기를 구할 것이다.

셋째, 이제 그들은 지옥 불, 영원한 불, 삼키는 불, 절대 꺼지지 않는 불과 같은 개념의 의미를 알게 될 것이다. 그들은 이제 '영원히'의 의미, 영원성의 의미가 무엇인지 알게 될 것이다. 그들은 이제 '무저갱'이라는 단어의 의미를 알게 될 것이다. 그들은 이제 이곳에서 죄인들의 아우성과 울부짖음을 듣게 될 것이다. 그곳에서 어떤 사람들은 산이 그들에게 무너져 내리기를 구할 것이고, 어떤 사람들은 바위를 향해 그들을 숨겨 달라고 구할 것이다. 이제 그들은 천국 내부를 제외하고는 어디에도 복이 없음을 보게 될 것이다.

넷째, 이제 그들은 하나님을 섬기는 사람들이 어떤 영광에 사로잡히는지 알게 될 것이다. 또한 어떻게 그들이 아브라함의 품에 안겨 있는지, 어떻게 영원한 영광을 누리는지, 어떻게 그들이 천사들과 동등하게 흰 옷을 입고 다니는지 알게 될 것이다. 하나님의 백성이 누리는 은혜와 복과 말로 다할 수 없는 행복을 보라! 천국에 들어가지 못한 사람들, 하나님이 영원히 거부하신 사람들이 이 모든 것을 알게 될 것이다. 이러한 사실 때문에 그들은 들어가기를 구하게 될 것이다(눅 16:22-23, 13:28).

어떻게 그들은 들어가기를 구하는가?

"들어가기를 구하여도." 그러나 어떤 사람들은 어떻게 그들이 들어가기를 구하겠냐고 말할지도 모른다. 그에 대한 답은 이렇다.

첫째, 그들은 할 수 있는 한 모든 확신을 가지고 그들의 신앙고백을 꾸며내고 다듬을 것이다. 그리고 할 수 있는 한 담대함으로 그 확신을 단장할 것이다. 그래서 어리석은 처녀들이 들어가기를 구한 것이다. 그들은 그들의 등을 관리하고 자기 자신을 가능한 한 아름답게 꾸몄다. 그들은 등불을 잠시 켜둘 수 있게 최선을 다했다. 그러나 하나님의 아들은 그들의 확신이 빗나간 것을, 그들의 등불이 꺼진 것을 직접 보셨다. 문은 닫히고 그들은 들어갈 수 없었다(마 25:1-12).

둘째, 그들은 하나님을 섬기는 사람들 사이에 몰려들어 함께 들어가기를 구할 것이다. 그래서 결혼 예복을 입지 않은 사람이 들어가기를 구했다. 그는 결혼식에 참석하기 위해 결혼식장에 들어가 내빈들 사이에 가깝게 앉았다. 그는 멸망을 피해야만 한다고 여겼던 것이 분명하다. 그러나 100마리의 흰 양들 사이에 있는 단 한 마리의 검은 양일지라도 검은 양은 눈에 금방 띈다. 이 불쌍한 사람에게 이와 같은 일이 일어났다.

"임금이 손님들을 보러 들어올새 거기서 예복을 입지 않은 한 사람을 보고"(마 22:11). 임금은 그를 몰래 지켜보았고, 다른 사람들에게 말 한마디 건네기도 전에 이 무시무시한 인사말을 그에게 던졌다. "친구여 어찌하여 예복을 입지 않고 여기 들어왔느냐"(마 22:12). "그가 아무 말도 못하거늘"(마 22:12). 그는 내빈들 사이에서 활보하며 다닐 수도 있었지만, 잔치의 주인은 들어오자마자 그의 말문을 막히게 했다. 그는 아무 말도 할 수가 없었고, 임금은 그에 관해 할 말이 있었다. "임금이 사환들에게 말하되 그 손발을 묶어 바깥 어두운 데에 내던지라 거기서 슬피 울며 이를 갈게 되리라 하니라"(마 22:13).

셋째, 그들은 그들이 세상에 있었을 때 신앙을 고백하고 성찬식에 참여했음을 변명함으로 들어가기를 구할 것이다. "그 때에 너희가 말하되 우리는 주 앞에서 먹고 마셨으며 주는 또한 우리의 길거리에서 가르치셨나이다"(눅 13:26). 우리도 주님의 식탁 앞에 앉았고, 주님의 말씀과 교회 모임에도 자주 참석했다. 우리도 성도들의 배려를 받았고, 교회에 들어가기를 허락받았다. 우리도 그들과 동일한 신앙 고백을 했다. "주여 주여 우리에게 열어 주소서"(마 25:11).

넷째, 그들은 선행한 것을 호소함으로 들어가기를 구할 것이다. 어떻게 그들이 사역에 열중했는지, 어떻게 주님을 위해 일했는지, 세상에서 어떤 선한 일을 행했는지 등을 호소할 것이다. 그러나 그 어떤 것도 소용없을 것이다. 그들은 앞에서 두 사람이 들었던 동일한 대답을 듣게 될 것이다. "불법을 행하는 자들아 내게서 떠나가라"(마 7:23).

다섯째, 그들은 유죄 판결을 피할 수 없는 곳에서 변명을 늘어놓으며 들어가기를 구할 것이다. 게으른 종이 주인의 돈을 늘리지 못한 이유를 설명하라고 요구받자 이런 식으로 행동했다. "주인이여 당신은 굳은 사람이라 심지 않은 데서 거두고 헤치지 않은 데서 모으는 줄을 내가 알았으므로"(마 25:24). 그는 주인의 돈을 투자하는 일이 달갑지 않았거나, 만일의 경우에라도 꺼내기 힘든 곳에 두어야 한다고 생각했던 것 같다. "두려워하여 나가서 당신의 달란트를 땅에 감추어 두었었나이다 보소서 당신의 것을 가지셨나이다"(마 25:25).

마치 그는 이렇게 말하는 듯하다. "주인님, 맞습니다. 나는 달란트를 벌지 못했습니다. 가진 것도 없습니다. 그러나 보십시오. 나는 횡령하지도 않았고, 돈을 쓰거나 잃어버리지도 않았습니다. 보십시오. 주인님의 돈이 여기 있습니다." 이 마지막 말을 할 수 있는 사람들은 많지 않을 것이다.

대부분의 신앙 고백자들은 횡령하고, 낭비하고, 그들의 시간과 재능과 선행을 할 기회를 게으름으로 날려 버리곤 한다. 그러나 그가 "보소서. 당신의 것을 가지셨나이다."라고 변명할 수 있는 사람이라면, 그가 악하고 게으른 종이라고 불린다면, 그가 심판의 날에 수치를 당한다면, 그가 주인의 돈을 보관했음에도 무익한 종이라고 불리며 어두운 곳으로 내쫓겨 그곳에서 울며 이를 간다면, 맡겨진 돈의 투자를 위해 일하지도 않고 신뢰하며 맡긴 것을 돌보지도 않은 그들은 무엇을 할 것인가?

여섯째, 그들은 잘못 행하여 실패로 끝난 일들의 원인이 무지에 있다고 변명함으로 들어가기를 구할 것이다. 그리스도께서는 자신을 향한 그들의 사랑이 부족하고, 그들의 사랑이 진실하다는 것을 증명할 열매가 부족하다고 지적하셨다. 그들은 그리스도께 먹을 것과 마실 것을 드리지 않았고, 집으로 들여보내지도 않았고, 입을 것을 드리지도 않았고, 그리스도를 방문하지도 않았던 것이다. 그러자 그들은 얼른 대답했다. "주여 우리가 어느 때에 주께서 주리신 것이나 목마르신 것이나 나그네 되신 것이나 헐벗으신 것이나 병드신 것이나 옥에 갇히신 것을 보고 공양하지 아니하더이까"(마 25:44).

그들은 그러한 책임이 상당 부분 그들에게 있다는 사실을 깨닫지 못했다고 말할 것이다. 그와 같은 죄인이 되면 안 된다고 하나님이 금하신 사실을 그들은 알고 있었다. 그래서 주님께 언제 어디서 그들이 범죄했는지 예를 들어 달라고 했다. 그들은 세상에는 누구에게도 귀하게 여김 받지 못하는 가난하고 불쌍한 사람들이 있다는 것을 알고 있었다. 그러나 주님을 위해서라면 그들은 주님께 신앙을 고백했고, 주님을 사랑한다고 말했다. 만일 주님이 그들과 함께 있었다면, 금장식을 하고 세상에서 가장 맛있는 음식을 드시게끔 주님을 위해 모든 것을 제공했을 것이라고 했다.

그래서 그들은 "주여 주여 우리에게 열어 주소서"(마 25:11)라고 말했다. 그러나 이 간청이 통할까? 절대로 안 통한다. 주님은 그들을 향해 이렇게 말씀하실 것이다. "내가 진실로 너희에게 이르노니 이 지극히 작은 자 하나에게 하지 아니한 것이 곧 내게 하지 아니한 것이니라"(마 25:45). 이 간청은 의무 태만에 대한 가장 이상한 간청 중 하나인 무지에 근거하고 있지만, 그들에게 천국에 들어가는 것을 허락하지 않을 것이다.

"그들은 영벌에, 의인들은 영생에 들어가리라"(마 25:46).

어떻게 그들이 들어가기를 구하는지 추가로 설명해 보겠다.

첫째, 그들은 아름다운 천국 문 앞에 멈춰 설 것이다. 다른 곳으로는 가기 싫어서 문 앞에 서 있을 것이다. 악인은 밧줄이 목을 감고 있을 때 사다리를 절대 치우지 않는다. 그날이 오면 그들이 바로 천국 문에서 지옥으로 옮겨질 것을 알기 때문이다.

둘째, 그들은 문 앞에 서 있을 뿐 아니라 문을 두드리며 외칠 것이다. 이것은 들어가고자 하는 그들의 의지를 명확히 보여 준다. 그들은 밖에 서서 천국의 문을 두드리며 "주여 주여 우리에게 열어 주소서"(마 25:11)라고 할 것이다. 주님을 두 번 부른 것은 그들의 간절한 열망을 보여 준다. "마귀들이 다가오고 있습니다. 주여 주여, 지옥이 우리를 향해 입을 벌리고 있습니다. 주여 주여, 주님이 은혜를 베풀어 주시지 않으면 우리에게 남은 거라고는 지옥과 멸망뿐입니다. 주여 주여, 우리에게 열어 주소서."

셋째, 들어가기 위한 그들의 마지막 주장은 그들의 눈물이다. 근거 없는 확신과 변명, 무지는 통하지 않을 것이다. 문 앞에 서서 문을 두드리고 "주여 주여, 우리에게 열어 주소서."라고 소리쳐도 통하지 않게 되면 그들은 울 수밖에 없을 것이다.

눈물은 종종 가장 강력한 무기이기도 하지만, 여기서는 아무런 소용이 없다. 에서는 눈물로 구원을 구했지만 소용이 없었다(히 12:17). 울며 이를 갈게 될 것이다. 문은 영원히 닫히고, 자비는 영원히 사라지며, 그리스도께서는 그들을 영원히 거부할 것이기 때문이다. 온갖 간청, 변명, 눈물이 그들을 천국에 들어가게 할 수 없을 것이다. "내가 너희에게 이르노니 들어가기를 구하여도 못하는 자가 많으리라."

'못하는 자가 많으리라.'라는 말씀의 의미

이제 본문의 마지막 구절을 살펴보겠다. 이 구절은 많은 사람들이 멸망 당하게 되는 거부의 이유를 자세히 보여 준다. "들어가기를 구하여도 못하는 자가 많으리라."

위선자, 거짓된 신앙 고백자는 탄탄대로를 걷게 될 수도 있다. 그들은 첫 번째와 두 번째 단계를 통과하여 그리스도인으로 인정받고, 교회로서 인정받을 수도 있다. 그러나 그들이 하늘 도성으로 이어지는 철문 앞에 도착하고 나면 무엇을 할 것인가?

"악을 행하는 자들이 거기서 넘어졌으니 엎드러지고 다시 일어날 수 없으리이다"(시 36:12).

"못하는 자가 많으리라." 내가 이미 힌트를 주었지만 본문이 중요하게 여기는 그때는 바로 심판의 날이다. 그날이 되면 얼굴에 씌운 온갖 가면과 위장이 벗겨질 것이다.

"어둠에 감추인 것들을 드러내고 마음의 뜻을 나타내시리니 그때에 각 사람에게 하나님으로부터 칭찬이 있으리라"(고전 4:5).

그날은 하나님의 진노가 쏟아지는 날이며, 하나님이 자신을 거역하는 자들에게 복수하시고 갚아 주시는 날이기도 하다. 이 날에는 '많은 사람들'이 타당하며 문제없다고 여기는 것들이 늪지 표면처럼 흔들리고, 심지어 바닥이 드러난 지식, 거짓된 믿음, 가식적인 사랑, 보여 주기식의 엄숙한 표정, 격식 차린 말과 허울뿐인 태도가 아무 소용이 없을 것이다. 나는 그들을 '주일용 신자'라고 부른다. 왜냐하면 어떤 신앙 고백자들은 가장 좋은 옷을 다루듯이 신앙을 대한다는 것을 알고 있기 때문이다. 그들은 그 옷을 일주일 내내 벽에 걸어 두었다가 주일만 되면 꺼내 입는다. 어떤 사람들은 정장을 좀처럼 입지 않다가 박람회나 가게에 갈 때나 입는 것처럼, 제한된 신앙의 모습을 일부에게서 볼 수 있다. 그들은 모임에 참석하거나 신앙이 좋은 방문자를 만나기 전까지는 신앙을 잘 보관해 두기만 한다. 얼마나 불쌍한 신앙인가! 얼마나 불쌍한 신앙 고백자인가!

이날, 즉 시험과 심판의 날이 되면 우리는 어떻게 할 것인가? 스스로 숨을 수도 없다. 그리스도인에게 다가갈 수도 없다. 심판자 하나님께 맞설 수도 없다. 당신은 무엇을 할 것인가?

> "악인들은 심판을 견디지 못하며 죄인들이 의인들의 모임에 들지 못하리로다"(시편 1:5).

"못하는 자가 많으리라." 여기서 말하는 능력은 육체적인 힘이나 예민함으로 유지되는 능력이 아니다. 이 능력은 하나님이 자신의 백성에게 천국을 주신 그 목적에 담긴 진리와 단순함으로 유지되는 능력이다.

이 백성이 천국에 들어갈 수 없게 하는 다섯 가지가 있다.

첫째, 천국은 선택받은 자들의 몫이다. 천국은 세상이 창조될 때부터 그들을 위해 예비되어 있었다(마 25:34). 따라서 그리스도께서 말씀하시는 것처럼, 그분이 오실 때 우렁찬 나팔 소리와 함께 천사들을 보내신다. 그리고 그분은 하늘의 이 끝에서 저 끝까지 사방에서 선택된 자들을 불러모으실 것이다(마 24:31).

"내가 야곱에게서 씨를 내며 유다에게서 나의 산들을 기업으로 얻을 자를 내리니 내가 택한 자가 이를 기업으로 얻을 것이요 나의 종들이 거기에 살 것이라"(사 65:9).

"거짓 그리스도들과 거짓 선지자들이 일어나 큰 표적과 기사를 보여 할 수만 있으면 택하신 자들도 미혹하리라"(마 24:24).

"오직 택하심을 입은 자가 얻었고 그 남은 자들은 우둔하여졌느니라"(롬 11:7).

둘째, 그들에게는 장자의 명분이 부족하여 천국에 들어갈 수 없을 것이다. 천국은 상속자들을 위한 나라다. 자녀가 된다는 것은 상속자가 되는 것이다. 다시 태어나면 상속자가 된다.

"사람이 거듭나지 아니하면 하나님의 나라를 볼 수 없느니라"(요 3:3).

이 말씀 하나로 혈육의 출생과 사람의 의지에 담긴 모든 육체적인 특권이 사라진다. 우리는 장자의 명분을 만들어 낼 수 있는가? 정말 이 일이 가능하다고 생각하는가? 우리에게 천국을 유업으로 줄 수 있는 장자의 명분이 없다면 복된 천국에 대해 생각해 봤자 아무 소용이 없다.

에서는 장자의 명분을 가졌으면서도 "이 장자의 명분이 내게 무엇이 유익하리요"(창 25:32)라고 말했다. 세상에는 에서의 마음을 가진 사람들이 아직도 많이 있다. 그들은 이렇게 말하곤 한다. "쳇, 저 사람들은 다시 태어나는 것에 대해 이야기하는데 다시 태어난다고 무슨 유익이 있겠어? 그들은 다시 태어나지 않으면 아무도 천국에 들어갈 수 없다고 말하지만, 하나님은 자비로우신 분이고 그리스도께서는 죄인들을 위해 죽으셨지. 우리는 돌아설 수 있을 때 돌아설 거야. 결국 모두가 잘될 거야."

그러나 나는 에서의 자녀들에게 이렇게 답하겠다. 장자의 명분과 복은 함께 묶여 있다. 하나라도 놓치면 다른 것도 절대 얻을 수 없는 것이다. 에서는 처음에 장자의 명분을 무시했지만 이 사실을 깨닫고 나중에는 이렇게 행동했다.

"그가 그 후에 축복을 이어받으려고 눈물을 흘리며 구하되 버린 바가 되어 회개할 기회를 얻지 못하였느니라"(히 12:17).

셋째, 하나님의 역사에 대한 믿음이 없는 사람들은 천국에 들어갈 수 없을 것이다. 이 믿음은 가장 거룩한 믿음이며, 하나님이 선택한 자들의 믿음이다.

"아들을 믿는 자에게는 영생이 있고 아들에게 순종하지 아니하는 자는 영생을 보지 못하고 도리어 하나님의 진노가 그 위에 머물러 있느니라"(요 3:36).

그러나 이 믿음은 선택적인 사랑과 거듭남의 결과다(요 1:11-13). 따라서 하나님으로부터 태어남으로 생기는, 믿음이 없는 신앙 고백자들은 들어가기를 구해도 들어갈 수 없을 것이다.

넷째, 복음의 거룩함이 없는 사람들은 천국에 들어갈 수 없을 것이다. 믿음의 결과인 거룩함은 하나님의 임재와 천국 안으로 들어갈 수 있게 해준다.

이 첫째 부활에 참여하는 자들은 복이 있고 거룩하다. 둘째 사망이, 즉 지옥과 영원한 멸망은 그들을 다스리는 권세가 없다(계 20:6, 14). 그들은 그리스도에 대한 믿음으로부터 흘러나

오는 거룩함으로 인해 복이 있고 거룩한 것이다. 그들에게는 기업이 있다. "죄 사함과 나를 믿어 거룩하게 된 무리 가운데서 기업을 얻게 하리라"(행 26:18). 이러한 거룩함은 하나님의 아들, 주 예수 그리스도에 대한 믿음의 자연스러운 결과로서, 심판의 날이 되면 허울뿐인 거룩함과 경건으로부터 참으로 거룩한 사람들을 구분해 내고, 거룩함을 소유한 영혼을 천국으로 받아들일 것이다. 나머지는 들어가려고 구하여도 들어갈 수 없을 것이다.

다섯째, 이 복된 믿음과 거룩함으로 인내하지 않는 사람들은 천국에 들어갈 수 없을 것이다. 이 같은 믿음과 거룩함을 가진 사람들이 결국 서서히 사라지고 영원히 멸망할 수 있다는 뜻이 아니다. 인내는 예수 그리스도를 기쁘시게 한다. 이로 인해 주님은 자격을 갖춘 사람들에게 가진 것을 견고하게 붙들고 끝까지 인내하라고 명하셨다. 그리고 그들이 구원받을 것이라고 말씀하셨다.

물론 어느 누구도 자기 자신을 지킬 능력이 없다. 그러나 하나님은 하나님의 자녀들과 함께 역사하시며, 그 자녀들은 "구원을 얻기 위하여 믿음으로 말미암아 하나님의 능력으로 보호하심을" 받는다. 이 구원은 그들을 위해 하늘에 간직된 것이기도 하다(벧전 1:3-5).

"오만한 자들이 주의 목전에 서지 못하리이다 주는 모든 행악자를 미워하시며"(시 5:5).

오만한 자들은 거룩하지 않은 자들로서 믿음과 거룩함이 없고 신앙에 인내도 없으면서 천국에 대한 권리를 주장한다. "적은 소득이 공의를 겸하면 많은 소득이 불의를 겸한 것보다 나으니라"(잠 16:8).

아무 권리도 없이 집이나 농장에 대한 소유권을 주장하는 것이 무슨 소용이 있겠는가? 다시 말해, 모든 것이 내 소유인데 이 사실을 보여 줄 증거가 하나도 없다면 무슨 소용이 있겠는가? 이것은 오만한 자의 수입과 같을 뿐이다. 그의 재산은 그의 오만함에 있다. 장자의 명분과 율법에 따르면 그는 가진 것이 없으므로 유산을 상속받을 수 없을 것이다. "내가 너희에게 이르노니 들어가기를 구하여도 못하는 자가 많으리라."

따라서 선택받지 못한 사람들은 천국에 들어갈 수 없고, 거듭나지 않은 사람들도 천국에 들어갈 수 없으며, 구원받는 믿음과 여기서 흘러나오는 거룩함과 인내가 없는 사람들도 천국에 들어갈 수 없을 것이다. 그러므로 지금껏 내가 말한 내용들을 명심하라.

The Strait Gate

06

소수만 천국에 들어갈 것이다

1장부터 5장까지는 본문에 대해 전반직으로 설녕했다면, 이제 본문에 있는 각 구절들을 관찰해 보고 그 결과를 세 가지로 나누어 살펴보고자 한다.

첫째, 사람들이 천국에 대한 전적인 소유권을 주장하지만 소수만 천국을 유업으로 받게 될 것이다. "내가 너희에게 이르노니 들어가기를 구하여도 못하는 자가 많으리라."

둘째, 그러므로 심판의 날에 많은 사람들이 크게 실망할 것이다. "들어가기를 구하여도 못하는 자가 많으리라."

셋째, 그러므로 천국에 가는 일은 하찮은 일이 아니다. 천국은 꿈꾼다고 들어갈 수 있는 것이 아니다. 천국을 소유하게 될 사람들은 이제 들어가기를 법대로 힘써야 한다. "내가 너희에게 이르노니 들어가기를 구하여도 못하는 자가 많으리라."

우선 구절들을 살피며 깨달은 나의 첫 번째 생각, 즉 사람들이 천국에 대한 전적인 소유권을 주장하지만 소수의 사람들만 천국을 유업으로 받게 될 것이라는 생각에 대해 간단히 말해 보겠다. 이 의견은 두 가지로 나뉜다. 하나는 때가 되면 모든 사람이 어떻게든 천국에 대한 소유권을 주장할 것이라는 것, 그리고 다른 하나는 그 소유권을 주장한 사람들 중 소수만 천국을 유업으로 누릴 것이라는 것이다.

모든 사람이 어떻게든 천국에 대한 소유권을 주장할 것이다

관찰의 결과로 얻은 첫 번째 생각에 대해 한두 마디만 하겠다. 왜냐하면 그 말씀에 대해 설명하다 보니 첫 번째 생각에 관해 자세히 설명하기 어려워졌기 때문이다. 마태복음 25장의 후반부를 보면 심판관의 왼편에 있는 자들이 모두 천국에 대한 소유권을 주장하고 있음을 볼 수 있다. 대부분이 그렇게 생각하듯이 왼편에 있는 자들을 모두 멸망 당할 죄인으로 볼 경우, 나의 첫 번째 생각이 증명된다. 왜냐하면 그들이 일제히 이렇게 말했기 때문이다. "그들도 대답하여 이르되 주여 우리가 어느 때에 주께서…공양하지 아니하더이까"(마 25:44).

나는 여기서 게으른 종의 간청과 어리석은 다섯 처녀의 외침을 소개할 수도 있다. 또한 "우리는 주 앞에서 먹고 마셨으며 주는 또한 우리의 길거리에서 가르치셨나이다"(눅 13:26)에 대해 자세히 설명할 수도 있다. 그러나 이 같은 내용은 이미 언급했기에 더 이상의 설명은 제쳐두고, 은혜로 도우시는 하나님을 의지하며 관찰을 통해 얻은 두 번째 생각을 이야기해 보겠다.

천국 소유권을 주장한 사람들 중 소수만 천국을 유업으로 받는다

이 부분에 대해 명확히 이야기하겠다. 또한 성경 말씀을 한두 구절 인용함으로 더욱 확실히 보여 주겠다. "생명으로 인도하는 문은 좁고 길이 협착하여 찾는 자가 적음이라"(마 7:14). "적은 무리여 무서워 말라 너희 아버지께서 그 나라를 너희에게 주시기를 기뻐하시느니라"(눅 12:32).

이 두 구절 외에도 나의 생각을 뒷받침해 주는 더 많은 말씀들을 통해 내가 말하고자 하는 것이 사실임을 확인할 수 있다.

이 사실에 대해 더 자세히 설명해 보려 한다. 첫째는 보다 일반적인 내용이며, 둘째는 보다 구체적인 내용이다. 보다 일반적인 내용에 관해서는 예나 지금이나 소수만이 구원받았음을 증명해 보겠다. 보다 구체적인 내용에 관해서는 신앙 고백하는 사람들 중 소수만 구원받았음을 증명해 보겠다.

일반적으로 예나 지금이나 소수만이 구원받았다

첫째, 오래전 세상에 인구가 가장 많았을 때였던 노아의 시대에도 구원받은 사람들은 겨우 여덟 명뿐이었다. 그래서 베드로는 그들을 소수라고 언급했을 것이다.

겨우 여덟 명의 영혼뿐이니 얼마나 적은가! "물로 말미암아 구원을 얻은 자가 몇 명뿐이니 겨우 여덟 명이라"(벧전 3:20). 베드로는 이 사실을 두 번 언급하며 이렇게 말했다. "옛 세상을 용서하지 아니하시고 오직 의를 전파하는 노아와 그 일곱 식구를 보존하시고 경건하지 아니한 자들의 세상에 홍수를 내리셨으며"(벧후 2:5).

유의하라. 나머지는 모두 경건하지 않은 자로 불리고 있으며, 그들이 살던 세상 역시 마찬가지였다. 이러한 사실은 욥기에서도 드러나는데 여기서는 '악인'이라는 이름으로 불린다.

> "네가 악인이 밟던 옛적 길을 지키려느냐 그들은 때가 이르기 전에 꺾여 버렸고 그들의 터는 강물로 말미암아 함몰되었느니라 그들이 하나님께 말하기를 우리를 떠나소서 하며 또 말하기를 전능자가 우리를 위하여 무엇을 하실 수 있으랴 하였으나"(욥 22:15-17).

홍수가 이 땅을 덮었을 때 하나님의 진노를 피한 사람은 여덟 명이 전부였다. 나머지는 경건하지 않은 사람들이었고, 그들이 살던 세상도 마찬가지였다. 그들은 지금까지도 지옥의 감옥에 갇혀 있다(히 11:7, 벧전 3:19-20). 아니, 정확히 말하자면 여덟 명 중에서 일곱 명만 선한 사람들이었다. 함은 비록 물의 심판을 피했지만, 하나님의 진노가 그에게 임하여 멸망하고 말았기 때문이다.

둘째, 세상은 다시 생물로 채워지기 시작했고, 사람들은 번성하기 시작했다. 모든 시대를 통틀어 세상의 멸망에서 구원받은 사람은 얼마나 적은가!

1. 하나님은 아브라함과 사라를 갈대아 땅에서 불러내셨다. "아브라함이 혼자 있을 때에 내가 그를 부르고"(사 51:2).

2. 소돔과 고모라, 아드마와 스보임에서 오직 롯 한 명만 구원받았다. 네 개의 도시에서 단 한 명, 롯만 구원을 받은 것이다. 사실 그의 아내와 두 딸도 롯과 함께 소돔에서 나왔지만, 창세기 19장을 통해 이 세 명은 무가치한 사람들임을 알 수 있다.

그래서 베드로는 롯만 구원받았다고 말했다. "소돔과 고모라 성을 멸망하기로 정하여 재가 되게 하사 후세에 경건하지 아니할 자들에게 본을 삼으셨으며 무법한 자들의 음란한 행실로 말미암아 고통당하는 의로운 롯을 건지셨으니"(벧후 2:6-7).

유다는 이 멸망의 때에 하나님이 소돔과 고모라뿐 아니라, 그 주변 도시들도 멸망시키셨다고 말했다. 소돔과 고모라, 그리고 주변 도시들에서 롯을 제외하면 아무도 의로운 자가 없었다. 따라서 그들 모두는 영원한 불의 형벌을 받았다.

3. 이제 사사기 시대를 살펴보자. 경건한 사람들이 얼마나 적었는지 이스라엘에는 마을 주민들이 아무도 없었다. 하나님의 대로가 텅 비어 있게 된 것이다(삿 5:6-7).

4. 다윗의 시대에도 거의 없었다. "여호와여 도우소서 경건한 자가 끊어지며 충실한 자들이 인생 중에 없어지나이다"(시 12:1).

5. 이사야 시대에도 구원받은 사람들은 매우 적었다. 이 사실에 대해 이사야는 "만군의 여호와께서 우리를 위하여 생존자를 조금 남겨 두지 아니하셨더면 우리가 소돔 같고 고모라 같았으리로다"라고 그래도 아직 소수의 사람들이 남았다며 긍정적으로 말했다(사 1:8-9).

6. 예레미야 시대의 사람들은 이러한 외침을 들었다. "너희는 예루살렘 거리로 빨리 다니며 그 넓은 거리에서 찾아보고 알라 너희가 만일 정의를 행하며 진리를 구하는 자를 한 사람이라도 찾으면 내가 이 성읍을 용서하리라"(렘 5:1).

7. 하나님은 그분의 종 에스겔에게 머리털 중 몇 가닥을 선택하는 환상을 통하여 그날에 구원받을 수 있는 사람이 얼마나

적은지를 보여 주셨다. 그것은 구원받은 사람들이 소수 중에서도 극소수였기 때문이다(겔 5:5).

8. 선지자 미가의 시대에 경건한 사람들은 그들의 숫자가 너무 적어서 불만을 토로했다. 그래서 미가는 여름 과일을 거둔 후 남겨진 것들을 그들과 비교했다(미 7:1).

9. 그리스도께서 오셨을 때 천국에 대한 전적인 소유권을 주장한 사람들 중 소수만 천국을 유업으로 받을 것이라는 진리를 확실히 보여 주셨다. 그러나 예수님이 이 진리에 대해 힌트를 주셨을 때에도 일반 사람들은 그것을 듣지 않았다. 예수님이 회당에서 말씀을 전하시자 그곳에 모인 모든 사람들은 이렇게 반응했다. "다 크게 화가 나서 일어나 동네 밖으로 쫓아내어 그 동네가 건설된 산 낭떠러지까지 끌고 가서 밀쳐 떨어뜨리고자 하되"(눅 4:24-29).

10. 예수님 이후 요한은 이렇게 말했다. "온 세상은 악한 자 안에 처한 것이며"(요일 5:19). "온 땅이 놀랍게 여겨 짐승을 따르고…또 권세를 받아 성도들과 싸워 이기게 되고 각 족속과 백성과 방언과 나라를 다스리는 권세를 받으니"(계 13:3, 7). 어떤 권세를 말하는 것인가? 그것은 바로 모든 자 곧 작은 자나 큰 자나 부자나 가난한 자나 자유인이나 종들에게 그 오른손에나 이마에 표를 받게 하는 권세다(계 13:16).

11. 관찰이나 경험을 통해 우리는 사람들의 얼굴 표정이 그들의 상태를 말해 준다는 점을 알 수 있다. "그들의 죄를 말해 주고 숨기지 못함이 소돔과 같으니"(사 3:9). 전능하신 하나님을 기쁘시게 하고, 그분의 영광을 세상에 나타내는 사람은 어디에 있는가? 거의 모든 사람들이 이 세상과 그들의 탐욕과 즐거움을 좇지 않는가? 그러고는 결국 하나님께 이렇게 말한다. "우리를 떠나소서 우리가 주의 도리 알기를 바라지 아니하나이다 전능자가 누구이기에 우리가 섬기며 우리가 그에게 기도한들 무슨 소용이 있으랴 하는구나"(욥 21:14-15).

따라서 의심의 여지없이 이 진리가 드러날 것이다. 하나님의 날에 천국에 대한 전적인 소유권을 주장한 사람들 중 소수만이 천국을 유업으로 받게 될 것이라는 진리 말이다.

다음으로 넘어가기 전에, 구원받은 사람들이 성경에서 어떤 것에 비유되는지 알아보자.

구원받은 자들은 어떤 것에 비유되는가?

첫째, 그들은 '곡식 한 움큼'에 비유된다(시 72:16, 영어 성경에서 '한 움큼'에 해당하는 부분이 우리말 개역개정 성경에는 저자의 논리와 상반되게 '풍성하고'로 번역되어 있다—편집자 주). 여기서 '곡식'은 다름 아닌 '구원받을 자들'을 가리킨다(마 3:12, 13:30). 그러나 유의하라. 곡식이 한 움큼일 것이다. 곡식 더미에 비할 때 한 움큼은 무엇을 의미하는가? 나머지 세상으로부터의 한 움큼은 무엇을 의미하는가?

둘째, 그들이 한 움큼에 비유되는 것처럼 가시나무 속의 백합화에 비유되기도 한다. 이것은 매우 드문 경우로 쉽게 보기 힘든 비유다.

"내 사랑은 가시나무 가운데 백합화 같도다"(아 2:2).

우리는 가시나무가 가장 악한 사람과 가장 선한 사람을 의미한다고 알고 있다. 이 사람들은 모두 하나님의 은혜가 결핍된 자들이다. 그들 중 가장 선한 자라도 가시 같고 가장 정직한 자라도 찔레 울타리 같기 때문이다(미 7:4, 삼하 23:6). 이스라엘 역시 박해라는 아픔을 겪었기 때문에 가시나무 속의 백합화로 불릴 수 있다(겔 2:6, 28:24). 가시나무는 위선자들과 교회의 차이를 보여 주기 위해 사용되기도 한다(눅 8:14, 히 8장).

그러나 이것이 전부는 아니다. 구원받은 자들이 가시나무 속의 백합화에 비유되는 것은, 그들이 세상에서 소수에 불과하다는 것을 보여 주기 위해서다. 그들은 소수에 불과하고 보기 드물다는 사실을 보여 주려는 것이다. 그리스도께서 이스라엘을 가시나무 가운데 백합화에 비유하셨듯이, 수풀 가운데 사과나무에 비유하시기도 했다(아 2:3). 이것은 매우 드문 경우로 일반적인 비유는 아니다.

셋째, 구원받는 사람들은 많은 사람들 중의 한 명으로 불린다. 왕비가 육십 명이요 후궁이 팔십 명이요 시녀가 무수하되 자신의 완전한 사랑은 한 명뿐이라고 그리스도께서 말씀하셨다(아 6:8-9). 예레미야서에 따르면 그리스도께서는 각 성에서 하나를 택하신다고 하셨다(렘 3:14). 바울 서신도 이와 매우 흡사하다.

> "운동장에서 달음질하는 자들이 다 달릴지라도 오직 상을 받는 사람은 한 사람인 줄을 너희가 알지 못하느냐"(고전 9:24).

오직 하나, 즉 달리는 많은 사람들 중의 소수를 의미한다. 바울은 여기서 달리는 자들을 앉아 있는 자들과 비교하는 것이 아니라, 달리는 자들끼리 서로 비교하는 것이다. 어떤 사람들은 달리고 지는 반면, 어떤 사람들은 이긴다.

달리고 이기는 사람들은 지는 사람들에 비해 소수다. 운동장에서 달음질하는 자들이 다 달릴지라도 오직 상을 받는 사람은 한 사람이다. 왕비가 육십 명이요 후궁이 팔십 명이요 시녀가 무수하되 구원받는 사람들은 소수에 불과한 것이다.

넷째, 구원받는 사람들은 포도 수확기에 수확하고 남겨진 것에 비유된다. 교회는 이렇게 말했다.

"재앙이로다 나여 나는 여름 과일을 딴 후와 포도를 거둔 후 같아서 먹을 포도송이가 없으며"(미 7:1).

수확하고 남은 끝물 포도라는 것이다. 전체 작물에 비해 끝물 포도는 무엇을 의미하는가? 우리는 여기서 구원받는 사람들이 수확하고 남은 끝물 포도에 비유되는 것을 보고 있다. 악마와 죄가 대량으로 가져가고, 그리스도와 그분의 사역자들은 남은 것을 찾는다.

"에브라임의 끝물 포도가 아비에셀의 만물 포도보다 낫지 아니하냐"(삿 8:2).

그리스도와 그분의 사역자들이 거둔 후 하나로 묶은 것이 다른 곳으로 가는 대량의 작물보다 낫다. 추수 때 가난한 사람들이 종종 거둘 것이 없다고 외치는 것을 알고 있을 것이다. 복음을 전하는 사역자들 역시 외쳤다. "우리가 전한 것을 누가 믿었느냐 여호와의 팔이 누구에게 나타났느냐"(사 53:1). 이사야 선지자는 구원받은 사람들을 이삭 줍기 비유를 들어 설명할 때, 이 문제에 대해 어떻게 자세히 진술했는가? 그는 이렇게 말했다.

"그 안에 주울 것이 남으리니 감람나무를 흔들 때에 가장 높은 가지 꼭대기에 과일 두세 개가 남음 같겠고 무성한 나무의 가장 먼 가지에 네다섯 개가 남음 같으리라 이스라엘의 하나님 여호와의 말씀이니라"(사 17:6).

그래서 수확기가 끝나고 나면 남은 것이 무엇인지 알게 된다. 여기서 두세 개, 저기서 네다섯 개 정도다. 그렇다. 악마와 지옥이 그들의 몫을 받고 나면 구원받는 사람들은 남은 것이 되며, 그들은 소수에 불과할 것이다. 지옥에 가는 사람들은 무리 지어 들어가지만, 구원받는 사람들은 그렇게 들어가지 않는다(마 13:30, 미 7장). 선지자가 구원받는 사람들에 대해 말할 때 무리 짓는 일이 없다고 했다. 그러나 멸망 당하는 사람들에 대해 말할 때는 그들이 무리 지어 모인다고 했다(계 14:18-19).

오 죄인들이여, 소수만 구원받게 될 것이다! 오 신앙 고백자들이여, 소수만 구원받게 될 것이다!

다섯째, 구원받을 사람들은 보석에 비유된다.

"나는 내가 정한 날에 그들을 나의 특별한 소유로 삼을 것이요"(말 3:17. 우리말 개역개정 성경에는 '보석'에 해당하는 단어가 '특별한 소유'로 번역되어 있다–편집자 주).

알다시피 보석은 희귀한 것으로 거의 모든 집에서 볼 수 있는 것은 아니다. 보석은 보통 작은 공간에 보관하며, 개수가 적고, 크기가 작다. 반면에 잡동사니는 많은 공간을 차지한다. 거의 대부분의 집에는 놋쇠, 철, 납 등이 있다. 이처럼 어디를 가든 우리는 위선적인 신앙 고백자들을 만날 수 있지만, 구원받은 사람들은 쉽게 만날 수 없다. 그들은 하나님의 특별한 보물이다(시 135:4).

그래서 바울은 집에 있는 잡동사니와 보물을 구분한다. 그가 말하기를, 큰 집이 있는데 그곳에는 금 그릇과 은 그릇뿐 아니라 나무 그릇과 질 그릇도 있다. 어떤 것은 귀하게 쓰이고 어떤 것은 천하게 쓰인다(딤후 2:20). 여기에 나오는 '나무'와 '흙'은 신앙 고백자들을 가리키는 표현이다. 보석과 보물은 귀하게 쓰이는 그릇이고, 나무와 흙으로 만든 그릇은 천하게 쓰이는 그릇, 곧 멸망하게 될 그릇인 것이다(롬 9:21).

여섯째, 구원받을 사람들은 남은 자에 비유된다.

"만군의 여호와께서 우리를 위하여 생존자를 조금 남겨 두지 아니하셨더면 우리가 소돔 같고 고모라 같았으리로다"(사 1:9).

남은 자는 소수이며 아주 극소수다. 이것은 성령이 하신 말씀으로 얼마나 적은 수의 사람들이 구원받을지 보여 주는 것이다. 누구나 남은 자가 어떤 뜻인지 알고 있지만, 그 남은 자는 소수이며 아주 극소수다. 다시 말하겠다. "너희는 여러 민족의 앞에 서서 야곱을 위하여 기뻐 외치라 너희는 전파하며 찬양하며 말하라 여호와여 주의 백성 이스라엘의 남은 자를 구원하소서 하라"(렘 31:7). 구원받은 자들은 성경에서 남은 자들이라고 종종 불린다(겔 9:4, 8, 사 10:20-22, 11:11, 16, 렘 23:3, 욜 2:32). 전체에서 남은 자는 어떤 의미를 가지는가? 천국 전체에서 남은 자는 어떤 의미를 가지는가? 전체 수확에서 남은 곡식은 어떤 의미를 가지는가?

일곱째, 구원받는 사람들은 10분의 1에 비유된다. 그래서 하나님이 선지자를 보내어 사람들의 마음을 둔하게, 그들의 귀를 듣지 못하게, 그들의 눈을 보지 못하게 하시려고 했다. 그러자 이사야는 하나님께 "어느 때까지니이까"라며 물었고, 하나님은 "성읍들은 황폐하여 주민이 없으며 가옥들에는 사람이 없고 이 토지는 황폐하게 되며 여호와께서 사람들을 멀리 옮기셔서 이 땅 가운데에 황폐한 곳이 많을 때까지니라"라고 대답하셨다(사 6:11-12).

하나님은 다른 곳에서 이렇게도 말씀하셨다. "내가 진멸하지는 않을 것이니라"(렘 4:27). "그 중에 십분의 일이 아직 남아 있을지라도…그 그루터기는 남아 있는 것같이 거룩한 씨가 이 땅의 그루터기니라 하시더라"(사 6:13).

말씀에서 언급되는 10분의 1은 무엇을 의미하는 것인가? 성령은 거룩한 씨에 대해 말씀하실 때 심판으로부터 보호받을 자들을 가리켜 말씀하시는 것이다. 나머지 사람들의 둔한 마음과 어두운 눈은 그들의 영원한 멸망을 가리키는 것이다. 그리스도와 바울은 신약에서 그것에 대해 자주 설명했다(마 13:14-15, 막 4:12, 눅 8:10, 요 12:40, 행 28:26, 롬 11:8). 멸망할 사람들로부터 보존될 사람들은 10분의 1 정도로 매우 적은 수다. "그 중에 십분의 일이 아직 남아 있을지라도…그 그루터기는 남아 있는 것같이 거룩한 씨가 이 땅의 그루터기니라 하시더라."

여기서 전체적인 이야기를 더 덧붙이지는 않겠다. 이 이야기들 때문에 세상이 상처받지 않기를 하나님께 기도한다. 그러나 의심의 여지없이 천국에 대한 전적인 소유권을 주장하는 사람들 중 소수만이 천국을 유업으로 받게 될 것이다. 이러한 사실은 이어지는 내용을 읽어 갈수록 분명히 드러날 것이다.

신앙 고백하는 사람들 중 소수만이 구원받았다

나는 구원받는 사람들이 소수라는 것을 보여 주기 위해 더 구체적인 내용을 살펴보고자 한다. 소수의 신앙 고백자들만 구원받게 될 것이다. 이것은 성경 본문이 보다 직접적으로 지향하며 옹호하고 있는 진리다. 선한 독자들이여, 나를 도와주기를 바란다. 앞으로 전개되는 내용을 냉정하게 살펴보고, 각각의 성경 말씀을 다루며 비교해 보자.

첫째, 이렇게 기록되어 있다.

> "딸 시온은 포도원의 망대같이, 참외밭의 원두막같이, 에워 싸인 성읍같이 겨우 남았도다"(사 1:8).

포도원은 이스라엘 교회였고, 포도원의 망대는 시온의 딸이거나 교회 안에 있는 참으로 경건한 자들이었다(사 5:1). 하나님은 그곳에 망대만 두셨는데, 그곳은 교회 안의 작은 거주 공간이었다.

그곳은 신앙을 고백하는 많은 사람들 가운데 참으로 경건한 소수를 가리킨다. 망대만 제외하고 나머지는 소돔처럼 무너졌다. 만군의 여호와께서는 일부 생존자를 남겨 두셨고, 나머지는 소돔과 같은 신세가 되었다(사 1:9). 그러므로 멸망 당하게 될 수많은 사람들 가운데 신앙 고백자들이 상당수일 것이다.

둘째, 이렇게 기록되어 있다.

"네 백성이 바다의 모래 같을지라도 남은 자만 돌아오리니 넘치는 공의로 파멸이 작정되었음이라"(사 10:22).

"남은 자만 구원을 받으리니"(롬 9:27).

하나님은 이스라엘 백성을 애굽에서 이끌어 내셨다. 하나님은 이스라엘 백성에게 교회 헌법과 거룩한 율법, 거룩한 규례, 거룩한 선지자, 그리고 거룩한 언약을 주셨다. 그리고 모든 민족으로부터 그들을 구별하셨다.

그들은 신앙 고백을 하고 바다의 모래처럼 많은 하나님의 백성이었지만, 남은 자만 구원을 받게 될 것이다. 그러므로 멸망 당하게 될 수많은 사람들 가운데 신앙 고백자들이 상당수일 것이다.

셋째, 이렇게 기록되어 있다.

"사람들이 그들을 내버린 은이라 부르게 될 것은 여호와께서 그들을 버렸음이라"(렘 6:30).

예레미야 6장 27절에서는 여기서 다루고 있는 백성을 하나님의 백성, 즉 신앙을 고백하는 하나님의 백성이라고 부른다. "내가 이미 너를 내 백성 중에 망대와 요새로 삼아 그들의 길을 알고 살피게 하였노라." 이어지는 내용은 무엇인가? 그들은 고집스러운 반역자들이며, 돌아다니며 비방이나 하는 버림받은 은이다.

예레미야 7장 29절에서 그들은 하나님의 진노를 받은 세대라고 불린다. "여호와께서 그 노하신바 이 세대를 끊어 버리셨음이라." 내가 모아 놓은 성경 본문에서 그들은 신앙 고백을 하며 교회의 헌법에 관련해서는 하나님의 백성이라고 불린다. 그러나 하나님이 그들 중 일부에 대해서 행하신 사건과 주신 말씀에 따르면, 그들은 참으로 하나님의 진노를 받는 세대일 수도 있다.

넷째, 이사야 5장에서 우리는 하나님의 포도원을 다시 만나게 된다. 그 포도원은 기름진 언덕에 일구어져 엄선한 포도나무를 심은 곳이었고, 울타리와 망대와 포도즙 짜는 틀이 있었다. 하나의 교회로서 모든 것이 제대로 갖추어져 있어 잘 운영될 수도 있었던 곳이었다.

그러나 만군의 여호와의 이 포도원은 쓸모없는 들포도를 내었다. 이것은 구조적으로나 운영 면에서나 어울리지 않는 열매였다. 주님은 포도원에서 울타리와 담장을 제거하고 포도원이 짓밟히도록 하셨다.

이에 대해 마태복음 21장 33절에 나오는 그리스도의 설명을 읽어 보라. 신앙 고백자들이여, 주목해 보라. 이 내용이야말로 "내가 너희에게 이르노니 들어가기를 구하여도 못하는 자가 많으리라"라는 말씀이 말하고자 하는 것이다.

다섯째, 하나님이 선지자 에스겔에게 말씀하셨다.

"인자야 이스라엘 족속이 내게 찌꺼기가 되었나니 곧 풀무불 가운데에 있는 놋이나 주석이나 쇠나 납이며 은의 찌꺼기로다"(겔 22:18).

하나님은 은을 가지고 계셨지만 그 양은 아주 적었다. 그 사람들의 대부분은 교인이기는 했지만 교회의 찌꺼기에 불과했다. 하나님이 말씀하신 '찌꺼기'는 무엇을 의미하는 것일까? 하나님은 그들이 교인이었음에도 그들의 최후와 관련하여 세상 사람들보다 더 나을 것이 없다고 생각하셨던 것이다. '찌꺼기'라고 불린다는 것은 비록 지금은 하나님의 집에 거하고 있지만, 하나님이 심판하실 때 남겨진 세상의 죄인들 사이에 놓일 것이라는 뜻이다.

"주께서 세상의 모든 악인들을 찌꺼기같이 버리시니 그러므로 내가 주의 증거들을 사랑하나이다"(시 119:119).

하나님은 구원받은 사람들에게 말씀하셨다.

"보라 내가 너를 연단하였으나 은처럼 하지 아니하고 너를 고난의 풀무불에서 택하였노라"(사 48:10).

제련공은 풀무불에 은을 넣을 때 그 안에 납도 같이 넣는다. 그의 노하우에 따라 납은 은에서 나온 찌꺼기를 제련하고, 찌꺼기가 발생하면 도구를 사용하여 모아 버린다. 하나님은 교회를 그렇게 다루신다. 교회 안에는 은도 있고 찌꺼기도 있다. 찌꺼기는 교회에 들어온 위선자들이며 불경건한 사람들이다. 하나님은 그들을 찾아내시고 찌꺼기처럼 버리실 것이다.

이 내용은 의심의 여지없이 하나님의 진리를 증언하고 있다. 천국에 대한 전적인 소유권을 주장하는 신앙 고백자들 가운데 다수가 천국을 유업으로 받지 못할 것이다.

여섯째, 그리스도께서 이렇게 말씀하셨다.

"손에 키를 들고 자기의 타작 마당을 정하게 하사 알곡은 모아 곳간에 들이고 쭉정이는 꺼지지 않는 불에 태우시리라"(마 3:12).

타작 마당은 하나님의 교회다. 하나님은 이사야를 통해 그분의 백성에게 "내가 짓밟은 너여, 내가 타작한 너여"(사 21:10)라고 말씀하셨다. 알곡은 분명히 구원받을 교회의 선한 사람들이다. 그래서 하나님은 "알곡은 모아 곳간에 들이고"라고 말씀하셨다. 쭉정이도 동일한 줄기와 이삭으로 자란다. 그래서 겉보기에는 알곡과 같아 보이지만 그 안에는 알곡이 없다. 따라서 시간이 되면 쭉정이는 따로 분리되어야만 한다. 곡식은 곳간에, 즉 천국에 모아야 한다. 쭉정이, 혹은 참된 은혜가 부족한 신앙 고백자들은 지옥에 모아서 그곳의 꺼지지 않는 불에 태워 버려야 한다. 그러므로 신앙 고백자들은 유의하라!

일곱째, 그리스도 예수께서는 복음을 받아들이는 것과 관련하여 말씀하신 세 가지 땅 중에서 두 가지 땅을 버리셨다(눅 8장).

돌이 많은 땅은 복음을 기쁨으로 받아들였고, 가시떨기로 이루어진 땅은 거의 완전한 열매를 맺었다. 큰 길은 육적 욕심을 좇는 사람들이 복음을 전혀 받아들이지 않는 사실을 보여 주려는 것이다. 그러나 복음을 받아들인 세 가지 땅 가운데 두 종류의 땅은 천국에 이르지 못했다. 셋 중 하나만 복음을 받아들이고 완전한 열매를 맺는다. 신앙 고백자들이여, 유의하라!

여덟째, 무익한 종의 비유(마 25:24, 29), 예복을 입지 않은 사람의 비유(마 22:11-13), 짠 맛을 잃은 소금의 비유(마 5:13)는 각각 이러한 진리를 정당화한다. 무익한 종의 비유는 일부 신앙 고백자들의 게으름과 무익함을 우리에게 보여 주는 것이다. 예복을 입지 않은 사람의 비유는 신앙 고백자들이 신랑의 자녀들 가운데 있으면서도 하나님이 찾아내신 악함으로 인해 어떻게 수치를 당하는지 보여 주는 것이다. 짠 맛을 잃은 소금의 비유는 그 맛을 잃은 소금이 아무런 쓸모가 없어 사람들에게 짓밟힐 뿐임을 보여 주기 위한 것이다. 따라서 일부 신앙 고백자들 및 이 비유가 가리키는 사도들 중 한 사람처럼 대단한 신앙 고백자들도 하나님의 날에 아무런 쓸모가 없어 거리의 진흙처럼 짓밟히게 될 것이다. 게으르고, 벌거벗고, 맛을 내지 못하는 신앙 고백자들이여, 심판 날에 어떻게 하나님과 그리스도에 의해 거부 당하려 하는가! 신앙 고백자들이여, 유의하라!

아홉째, 가라지의 비유도 이 진리를 뒷받침해 준다. 여기서 '밭'은 세상을 의미하지만, 가라지는 교회 안에도 뿌려졌다.

"사람들이 잘 때에 그 원수가 와서 곡식 가운데 가라지를 덧뿌리고 갔더니"(마 13:24-25).

그러나 어떤 사람들은 반대할지도 모른다. 가라지가 교회 안이 아닌 세상에서 알곡 가운데 뿌려졌을 수도 있기 때문이다. 그러나 그리스도께서는 이 비유를 설명하심으로 가라지가 천국 안에 뿌려졌다고 우리에게 말씀하셨다. 가라지는 마귀의 자녀들이다. 신앙 고백자들이여, 유의하라!

"그런즉 가라지를 거두어 불에 사르는 것같이 세상 끝에도 그러하리라 인자가 그 천사들을 보내리니 그들이 그 나라에서 모든 넘어지게 하는 것과 또 불법을 행하는 자들을 거두어 내어 풀무불에 던져 넣으리니 거기서 울며 이를 갈게 되리라"(마 13:40-42).

열째, 열 처녀의 비유도 우리의 목적에 부합한다. 열 처녀는 천국, 즉 그리스도의 교회, 눈에 보이는 올바로 세워진 그리스도의 교회로 불린다. 그들은 모두 세상으로 나가 등을 들고 신랑을 맞으러 나갔다. 그러나 그들 중 절반이 천국 문 앞에서 버림받았음을 기억하라. 그들은 들어갈 수 없었고 떠나 달라는 요청을 받았다. 그리스도께서는 그들을 모른다고 말씀하셨다(마 25:1-13). 신앙 고백자들이여, 두려움으로 떨라! 신앙 고백자들이여, 기도하라!

열한째, 바다에 던져 놓은 그물의 비유도 이 진리를 뒷받침해 준다. 이 비유의 본질은 영혼들이 (그물로 비유된) 복음으로 모아져 보관되었다가 그물째로 물가에, 즉 세상 끝까지 끌려가서 못된 물고기로 확인되고는 버려진다는 것이다. 이 비유는 이렇게 전개된다.

> "또 천국(복음)은 마치 바다(세상)에 치고 각종 물고기(좋은 물고기와 못된 물고기)를 모는 그물과 같으니 그물에 가득하매 물가로 끌어내고(세상 끝까지 끌고 가서) 앉아서(심판하여) 좋은 것은 그릇에 담고 못된 것은 내버리느니라"(마 13:47-48).

못된 물고기는 그 수가 매우 많으며 심판의 날에 그물 안에서 발견될 것이다(마 13:49). 신앙 고백자들이여, 유의하고 정신 차리라!

열두째, 그리스도께서 이렇게 말씀하셨다.

"동서로부터 많은 사람이 이르러 아브라함과 이삭과 야곱과 함께 천국에 앉으려니와 그 나라의 본 자손들은 바깥 어두운 데 쫓겨나 거기서 울며 이를 갈게 되리라"(마 8:11-12).

천국의 자손들은 이와 같은 특권을 지니고 있다.

"그들에게는 양자 됨과 영광과 언약들과 율법을 세우신 것과 예배와 약속들이 있고"(롬 9:4).

나는 이러한 상황을 과감히 초대 교회와 연관시키고 싶다. 왜냐하면 그들에게 일어난 일은 모형과 본보기로 일어났기 때문이다. 이를 근거로 볼 때 초대 교회에 일어난 일은 이방인들의 교회 가운데 끔찍한 성질의 일들이 일어날 예정이라는 사실을 암시한다(고전 10:11-12). 사실 이방인 교회들은 그들에게 끔찍한 일이 일어나지 않을 것이라는 보장을 하나님으로부터 받지 못하고 있다. 이러한 일에 대한 경고가 우리에게 이미 충분히 주어졌다(고전 6:9-10, 갈 5:19-21, 엡 5:3-6, 빌 3:17, 19, 살후 2:11-12, 딤후 2:20-21, 히 6:4-8, 10:26-28, 벧후 2-3장, 요일 5:10, 계 2:20-22).

열셋째, 참포도나무와 가지의 비유는 내가 말한 것을 분명히 보여 준다. 나는 포도나무를 교회의 머리이신 '그리스도'로 이해하고, 가지들은 '교회'로 본다. 열매를 맺지 못해 버림받은 일부 가지들은 때가 되면 교회에서 축출 당했고, 사람들에 의해 모아져 불태워졌다(요 15:1-6).

열넷째, 마지막으로 구체적인 예를 들어 보겠다.

1. 열두 제자 중에는 악마가 있었다(요 6:70).

2. 아나니아와 삽비라는 예루살렘 교회 안에 있었다(행 5장).

3. 마술사 시몬은 사마리아 사람들 가운데 있었다(행 8장).

4. 고린도 교회 안에는 하나님을 알지 못하는 사람이 있었다(고전 15:34).

5. 바울은 갈라디아 교회에 거짓 형제가 가만히 들어왔다고 말했다. 사도 유다도 이와 같이 말하고 있다. 그들의 안목은 요즘 사람들처럼 예리했다(갈 2:4, 유 4).

6. 사데 교회에는 천국에 속한 사람들이 몇 명뿐이었다.

"그러나 사데에 그 옷을 더럽히지 아니한 자 몇 명이 네게 있어 흰 옷을 입고 나와 함께 다니리니 그들은 합당한 자인 연고라"(계 3:4).

7. 라오디게아 교회에 대해서는 이렇게 기록되어 있다.

"네가 말하기를 나는 부자라 부요하여 부족한 것이 없다 하나 네 곤고한 것과 가련한 것과 가난한 것과 눈먼 것과 벌거벗은 것을 알지 못하는도다"(계 3:17).

모든 것을 종합해 보면 앞서 언급했던 것처럼 멸망 당하게 될 수많은 사람들 가운데 신앙 고백자들이 상당수일 것이라고 나는 담대하게 말할 수 있다. 본문 연구에 따른 표현을 사용하자면 '사람들이 천국에 대한 전적인 소유권을 주장하지만 소수만 천국을 유업으로 받을 것'이다.

The Strait Gate

07

소수만 구원받는 이유

앞에서 보여 준 다섯 가지 이유 외에도 몇 가지 이유를 더 보여 주겠다. 우선 나는 빈곤하고 세속적이며 무지한 세상이 왜 천국에 이르지 못하는지 그 이유를 보여 줄 것이다. 그리고 지식이 있는 신앙 고백자들이 왜 천국에 이르지 못하는지도 보여 줄 것이다.

빈곤하고 세속적이며 무지한 세상은 왜 천국에 이르지 못하는가?

첫째, 빈곤하고 세속적이며 무지한 세상은 천국에 이르지 못한다. 그들이 죄를 사랑하기 때문이며, 죄를 버리지 못하기 때문이다.

"그 정죄는 이것이니 곧 빛이 세상에 왔으되 사람들이 자기 행위가 악하므로 빛보다 어둠을 더 사랑한 것이니라"(요 3:19).

마음속으로부터 하나님과 하나님의 말씀, 거룩함을 거역하기 때문에 빈곤하고 세속적이며 무지한 세상은 천국을 얻지 못하는 것이다. 그들은 악한 것을 즐거워하므로 멸망 당할 수밖에 없다(살후 2:10-12).

또한 유죄 판결에 대해 귀를 막고, 하나님이 부르실 때 응하기를 거부하기 때문에 빈곤하고 무지한 세상은 천국에 이르지 못한다.

"내가 불렀으나 너희가 듣기 싫어하였고 내가 손을 폈으나 돌아보는 자가 없었고 도리어 나의 모든 교훈을 멸시하며 나의 책망을 받지 아니하였은즉 너희가 재앙을 만날 때에 내가 웃을 것이며 너희에게 두려움이 임할 때에 내가 비웃으리라 너희의 두려움이 광풍같이 임하겠고 너희의 재앙이 폭풍같이 이르겠고 너희에게 근심과 슬픔이 임하리니 그때에 너희가 나를 부르리라 그래도 내가 대답하지 아니하겠고 부지런히 나를 찾으리라 그래도 나를 만나지 못하리니"(잠 1:24-29).

둘째, 빈곤하고 무지한 세상은 천국을 얻지 못한다. 이 세상의 신이 그들의 눈을 어둡게 했기 때문이다. 그래서 그들은 현재 처한 악하고 멸망을 앞둔 상황을 보지 못하고 거기로부터 나오는 길도 보지 못한다. 또한 예수 그리스도의 아름다움을 보지 못하며, 그분이 어떻게 불쌍한 죄인들을 구원하기를 원하시는지도 보지 못한다(고후 4:2-3).

셋째, 빈곤하고 무지한 세상은 천국에 이르지 못한다. 그들이 그리스도께 나아가는 것을 꺼리며, 하나님의 인내와 은혜의 시간이 종료될 때까지 미루는 까닭이다. 실제로 어떤 사람들은 절대로 그리스도께 나아가지 않겠다고 다짐한다. 그러나 나중에 나아가겠다고 말하는 사람들도 있다. 그러면 하나님이 부르실 때 듣지 못하게 된다. 그래서 주님은 그들이 부르짖을 때 듣지 않겠다고 말씀하신다(슥 7:11-13).

넷째, 빈곤하고 무지한 세상은 천국에 이르지 못한다. 그들이 하나님의 자비에 대해 오해하고 있기 때문이다. 그들은 "내 고집대로 살아도 모든 것이 형통할 거야."라고 생각한다(신 29:19). 그러나 주님은 어떻게 말씀하시는가?

"여호와는 이런 자를 사하지 않으실 뿐 아니라 그 위에 여호와의 분노와 질투의 불을 부으시며 또 이 책에 기록된 모든 저주를 그에게 더하실 것이라 여호와께서 그의 이름을 천하에서 지워 버리시되"(신 29:20).

다섯째, 빈곤하고 무지한 세상은 천국에 이르지 못한다. 자유를 주는 복음을 경시하기 때문이며, 그들 나름의 수단과 사고와 행동에 의지하기 때문이다(마 22:1-5, 롬 9:30-31).

여섯째, 빈곤하고 무지한 세상은 천국에 이르지 못한다. 그들을 다스리는 불신앙으로 인해 그리스도의 의로 옷 입지도 못하고, 그리스도의 보혈로 씻음 받지도 못하기 때문이다. 보혈의 씻음이 없으면 죄의 용서도, 의롭게 하심도 없다. 이 부분은 이제 넘어가도록 하자.

지식이 있는 신앙 고백자들이 왜 천국에 이르지 못하는가?

이제부터는 신앙 고백자가 왜 천국에 이르지 못하는지 그 이유를 몇 가지 보여 주고자 한다.

첫째, 일반적으로 그들은 특별한 은혜보다는 떨어지는, 그 아래에 있는 것에 의지한다. 특별하지 않은 일깨움이나 믿음에 의지하는 것이다. 이 둘 사이에는 서로 유사한 점이 거의 없다. 하나님이 원하신다면 우리는 이 사실을 알고 피할 수 있을 것이다.

1. 구원받을 사람들은 본성상 그들의 상태를 깨달아 알 수 있을까? 멸망 당할 사람들도 마찬가지일까? 천국에 절대 가지 못하는 사람들은 많은 죄와 그로 인한 하나님의 진노를 볼지도 모른다. 여기에 가인과 유다가 해당되고, 그들은 천국에 이르지 못했다(창 4장, 마 27:4). 구원받는 사람들은 영생에 대한 확신을 가지고 있지만, 그 외의 다른 사람들은 그렇지 않다. 어떤 사람의 확신은 그들을 그리스도께로 인도한다. 반면에 다른 사람의 확신은 그들을 율법으로 인도하며, 결국 절망에 이르게 한다.

2. 구원에 이르게 하지 않는 회개나 후회가 되는 회개가 있다. 그리고 후회할 것이 없는 구원에 이르게 하는 회개가 있다(고후 7:10). 둘 사이에는 매우 흡사한 부분이 있다. 대부분은 잘못된 것이 옳은 것처럼 간주되는데, 신앙 고백자들은 이러한 실수로 멸망 당하게 된다.

구원을 얻는 회개는 죄를 인정한다. 다른 회개를 하는 사람도 자신의 죄를 인정할 수 있다(마 27:4).

구원을 얻는 회개는 죄 아래에서의 울부짖음이 있다. 그러나 다른 회개를 하는 사람도 죄 아래에서 울부짖을 수 있다(창 4:13).

구원을 얻는 회개는 죄로 인한 겸손이 있다. 그러나 다른 회개를 하는 사람도 스스로를 낮출 수 있다(왕상 21:29).

구원을 얻는 회개는 자기 부인을 수반한다. 그러나 다른 회개를 하는 사람도 죄를 미워할 수 있다. 그런데 그것이 죄라는 이유만으로는 죄를 미워하지는 않고, 죄가 자신에게 해를 입힐 경우에 미워하게 된다. 예를 들면, 개는 뱃속을 불편하게 하는 것이 속에 있다는 것만으로는 그것을 싫어하지 않는다. 그것이 실제로 뱃속을 불편하게 만들 때 싫어하는 것이다. 그것이 더 이상 개를 불편하게 하지 않을 때, 개는 다시 돌아서서 이전에 그랬던 것처럼 그것을 핥아먹을 수 있다(벧후 2:22).

구원을 얻는 회개는 기도와 눈물을 수반한다. 그러나 다른 회개만 일삼는 사람도 기도와 눈물이 있을 수 있다(창 27:34-35, 히 12:16-17).

구원을 얻는 회개는 하나님의 말씀과 그 말씀을 전하는 사역자들에 대한 경외심이 있다. 그러나 구원하지 못하는 회개만 있는 곳에서도 그와 같은 경외심이 있을 수 있다. 헤롯은 세례 요한을 의롭고 거룩한 사람으로 여겨 두려워하며 그를 지켜보고 있었다. 헤롯은 세례 요한의 말을 들을 때 몹시 괴로워하면서도 그의 말을 달갑게 듣곤 했다(막 6:20).

구원을 얻는 회개는 하나님의 말씀을 거역하려는 마음을 보다 온유하게 만든다. 발람은 이렇게 말했다. "가령 발락이 그 집에 가득한 은금을 내게 줄지라도 나는 여호와의 말씀을 어기고 선악 간에 내 마음대로 행하지 못하고 여호와께서 말씀하신 대로 말하리라 하지 아니하였나이까"(민 24:13).

사람이 얼마나 깊이 회개할 수 있는지 보라. 그러나 '후회할 것이 없는 구원에 이르는 회개'로 불리는 회개에 도달하지는 못한다. 그는 깨달을 수 있다. 죄를 인정할 수도 있다. 죄의 짐 아래에서 부르짖을 수도 있다. 죄로 인해 겸손할 수도 있다. 죄를 싫어할 수도 있다. 죄로 인해 기도와 눈물이 있을 수 있다. 하나님의 일을 기쁨으로 행할 수도 있다. 하나님을 거역하며 짓는 죄를 두려워할 수도 있다. 그러나 그는 구원을 얻는 회개가 없어 멸망 당할지도 모른다.

둘째, 구원받을 사람들은 믿음이 있는가? 구원받지 못할 사람들도 믿음이 있을 수 있기 때문이다. 그렇다. 구원을 얻는 믿음처럼 많은 것에 대한 믿음이 있을 수 있는데, 그것들은 뿌리와 가지가 달라도 구별이 어려울 수 있다.

이에 대해 좀더 구체적으로 살펴보도록 하자.

1. 구원을 얻는 믿음은 그 대상이 그리스도이시다. 그러나 구원하지 못하는 믿음도 그럴 수 있다. 그리스도께서는 그리스도를 믿는다고 하는 유대인들의 믿음 고백 이후 이렇게 말씀하셨다. "너희는 너희 아비 마귀에게서 났으니 너희 아비의 욕심대로 너희도 행하고자 하느니라"(요 8:44).

2. 구원을 얻는 믿음은 하나님의 말씀에 기인하며, 구원하지 못하는 믿음도 그럴 수 있다(눅 8:13).

3. 구원을 얻는 믿음은 행위와 상관없이 의롭게 하심을 구한다. 구원하지 못하는 믿음도 그럴 수 있다(약 2:18).

4. 구원을 얻는 믿음은 마음을 거룩하게 하고 정결하게 한다. 구원하지 못하는 믿음이 세상의 오염으로부터 사람을 보호할 수도 있다. 유다, 데마, 다른 여러 사람들의 경우가 그렇다(벧후 2장).

5. 구원을 얻는 믿음은 도래하는 세상을 맛보게 해주며, 그로 인한 기쁨을 누리게 해줄 것이다. 구원하지 못하는 믿음도 그렇게 할 것이다(히 6:4-5, 눅 8:13).

6. 구원을 얻는 믿음은 신앙을 위해서 몸을 불사르도록 도울 것이다. 구원하지 못하는 믿음도 그렇게 할 것이다(고전 13:1-5).

7. 구원을 얻는 믿음은 도래하는 세상에서 유업을 찾도록 도울 것이다. 구원하지 못하는 믿음도 그럴 수 있다. 모든 처녀들이 등을 들고 신랑을 맞으러 나갔다(마 25:1).

8. 구원을 얻는 믿음은 신랑을 찾게 할 뿐만 아니라 신랑을 만나기 위해 준비하게 만들 것이다. 구원하지 못하는 믿음도 그렇게 할 수 있다. "이에 그 처녀들이 다 일어나 등을 준비할새"(마 25:7).

9. 구원을 얻는 믿음은 확신을 가지고 천국에 대해 관심을 두게 만든다. 구원하지 못하는 믿음도 천국에 들어가기를 구할 것이다. "주여 주여 우리에게 열어 주소서"(마 25:11).

10. 구원을 얻는 믿음은 선행이 뒤따르며 천국으로 인도한다. 구원하지 못하는 믿음도 놀라운 일이 뒤따르며 천국의 문까지 인도할 수 있다. "주여 주여 우리가 주의 이름으로 선지자 노릇 하며 주의 이름으로 귀신을 쫓아내며 주의 이름으로 많은 권능을 행하지 아니하였나이까"(마 7:22).

만일 구원하지 못하는 믿음이 그리스도를 대상으로 하고, 하나님의 말씀에 기인하며, 행위와 상관없이 의롭게 하심을 구하고, 사람을 세상의 오염으로부터 보호하고, 도래하는 세상을 맛보게 하며 기쁨을 누리게 하고, 신앙을 위해 몸을 불사르도록 돕고, 다른 세상에서 얻는 유업을 구하고, 유업을 위해 준비하며 그것에 대한 관심을 보이도록 돕고, 위대한 일, 즉 온갖 위대하고 영광스러운 일을 수반할 수 있으며 천국의 문까지 인도해도, 그래서 만일 수많은 사람들이 이 믿음을 구원을 얻는 믿음으로 생각하다가 결국 천국에 이르지 못하는 것은 놀라운 일이 아니다. 오, 친구들이여! 회개에 이르는 행위를 만들어 낼 수 있는 사람은 거의 없다. 그리고 내가 입증한 것처럼 타락한 사람들도 교회의 여러 시대에 걸쳐 그러한 믿음을 소유해 왔다.

셋째, 천국에 가는 사람들은 기도하는 백성이다. 그러나 구원받지 못할 사람들도 기도할 수 있다. 기도하라. 그가 기도하되 매일 기도할 수도 있다. 그는 하나님께 정의의 규례에 대해 질문할 수도 있으며, 하나님께 다가가는 것을 기쁨으로 여길 수도 있다. 더욱이 그러한 영혼들도 주의 제단을 눈물로, 울음과 탄식으로 덮을 수 있다(사 28:2, 말 2:13).

넷째, 하나님의 백성은 거룩한 금식을 지키는가? 하나님의 백성이 아닌 사람들도 금식할 수 있으며 (자주 금식하되) 한 주에 두 번도 할 수 있다. "바리새인은 서서 따로 기도하여 이르되 하나님이여 나는 다른 사람들 곧 토색, 불의, 간음을 하는 자들과 같지 아니하고 이 세리와도 같지 아니함을 감사하나이다 나는 이레에 두 번씩 금식하고 또 소득의 십일조를 드리나이다 하고"(눅 18:11-12). 이 내용에 대해 더 자세하게 설명할 수 있지만, 지금은 소책자용 글을 쓰는 것이 목적이기에 자제하겠다.

의심의 여지없이 많은 발람들이 심판석 앞에서 유죄 판결을 받을 것이다. 그들은 하나님에 대한 비전을 지녔던 사람들이고, 지극히 높으신 분을 알고 있었다. 그들은 자신에게 내려온 하나님의 성령을 받았고, 이로 인해 다른 사람으로 변화된 적이 있던 사람들이다(민 24:2, 4, 16, 삼상 10:6, 10). 그러나 결국 그들은 자신의 조상들처럼 죽어 다시는 생명의 빛을 보지 못할 것이다(시 49:19).

나는 교만이 하늘까지 치솟고 그 머리가 구름까지 닿을 정도의 사람들에 관한 내용을 읽곤 한다. 그러나 그들은 그들의 배설물처럼 사라지고 말 것이다. 그들을 이 세상에서 본 적이 있는 사람은 심판의 날에 "그가 어디 있느냐?"라고 말하게 될 것이다(욥 20:5-7).

한때 이 세상에서 당당했던 신앙 고백자들 중에서 그리스도께서 오시는 날에 천국에 이르지 못하는 사람들이 많을 것이다. 그들은 멸망에 대해 꿈에도 생각하지 못한 사람들이었다.

열두 명의 제자 중에 누가 가룟 유다가 악마가 될 것이라고 생각했겠는가? 그리스도께서 그들 중 한 명이 악하다고 말씀하셨을 때 그들은 가룟 유다보다 그들 자신에 대해 염려하고 있었다(마 26:21-23).

누가 어리석은 다섯 처녀의 구원에 대해 의심을 했겠는가? 슬기로운 다섯 처녀도 의문을 품지 않았다. 슬기로운 처녀들은 어리석은 처녀들에게 이야기를 나누는 특권을 주기도 했다(마 25장).

마음의 분별력과 구원의 은혜에 관한 진리의 확실한 증거는 예수 그리스도께서 오시는 날의 심판에 맡겨져 있다. 교회와 대부분의 성도는 심판과 관련된 이 문제에 대한 판단을 주목하기도 하고 놓치기도 한다.

심판과 관련하여 놓치는 이유는 이와 같다.
1. 구원하는 은혜와 구원하는 듯 보이는 은혜를 어떤 경우든 명확하게 구분할 수 없기 때문이다.
2. 어떤 사람들은 올바르지 않은 대상에 올바른 이름을 부여하는 기술이 있기 때문이다.
3. 우리는 연약한 자를 받아들이라는 명령을 받아서 가장 무익한 그리스도인도 거부하는 것을 두려워하기 때문이다. 위선자들이 슬그머니 교회 안으로 숨어 들어온다. 그러나 성경은 어떻게 말하는가?

"사람의 마음을 감찰하시는 만군의 여호와여"(렘 11:20).

"모든 교회가 나는 사람의 뜻과 마음을 살피는 자인 줄 알지라 내가 너희 각 사람의 행위대로 갚아 주리라"(계 2:23).

마음을 감찰하시는 분께 정확한 분별의 시간이 예비되어 있다. 그러면 당신은 구원받지 못한 은혜가 얼마나 멀리 가 버렸는지 보게 될 것이다. 그리고 얼마나 적은 사람들이 구원받게 될지도 보게 될 것이다. 주님이 이 작은 책으로 불쌍한 죄인들을 일깨우실 것이다.

The Strait Gate

08

전체 내용의 활용과 적용

이제 모든 내용을 간략히 활용해 보고 적용해 보겠다.

활용 1

첫 번째로 거리낌없이 세속적인 삶을 살아가고 있는 사람들에게 전한다. 불쌍한 죄인이여, 당신은 여기서 소수만 구원받게 될 것이라는 내용을 읽고 있다. 천국을 기대하는 많은 사람들에게 천국은 없을 것이다. 불쌍한 죄인이여, 이 사실에 대해 할 말이 있는가? 다시 한 번 말하겠다. 소수만 구원받을 것이며, 그것도 극소수일 것이다. 덧붙이자면, 소수의 신앙 고백자들이지만 훌륭한 신앙 고백자들은 거의 없다. 죄인들이여, 할 말이 있는가? 하나님의 집에서 심판이 일어나면 하나님의 복음에 순종하지 않은 사람들의 결말은 어떻게 될까? 이것은 베드로의 질문이다. 죄인이여, 대답할 수 있는가? 다시 말하지만, 심판이 그들에게 반드시 임한다면 이런 생각이 들지 않을까? "그럼 나는 어떻게 될까?" 더욱이 하늘의 별들이 지옥으로 굴러떨어지는 것을 볼 때 당신과 같은 죄의 오물 더미가 하늘로 들려 올라갈 것이라고 생각할 수 있는가?

베드로는 우리에게 또 다른 질문을 던진다.

"또 의인이 겨우 구원을 받으면 경건하지 아니한 자와 죄인은 어디에 서리요"(벧전 4:18).

죄인이여, 이 질문에 답할 수 있는가? 당신은 의인들 사이에 서 있을 수 없다.

"악인들은 심판을 견디지 못하며 죄인들이 의인들의 모임에 들지 못하리로다"(시 1:5).

그렇다고 과감히 악인들 가운데 서 있으려고 하지는 않을 것이다. 죄인이여, 어느 곳에 서고 싶은가? 위선자들 사이에 서면 우리에게 아무 유익이 없다. 위선자는 "그 앞에 이르지 못하나니"(욥 13:16), 즉 받아들여지지 못하고 멸망 당하게 될 것이다.

우리와 밀접한 관련이 있으므로 다시 한 번 이야기해 보겠다. 죄인이여, 더 악한 죄인들이 천사들에 의해 하나로 묶여 불태워지는 것을 목격한다면 어느 곳에 서고 싶은가? 죄인이여, 당신은 당신 자신이 차라리 다른 사람이기를 원할지 모르겠지만, 그러한 희망을 갖는 것은 소용없을 것이다. 당신이 "내가 진작 회심했더라면 좋았을 텐데."라고 바라는 것 역시 아무 소용없을 것이다. 만일 여로보암의 아내처럼 당신이 다른 사람인 척한다 해도, 선지자이신 예수 그리스도께서는 당신을 바로 찾아낼 것이다.

불쌍한 죄인이여, 무엇을 하려는가? 불쌍한 죄인이여, 회개하지 않으면 무거운 소식이 임할 것이다(왕상 14:2, 5-6, 눅 13:3, 5). 불쌍한 죄인의 상태와 세속적인 죄인의 끔직한 상태를 보라. 상식을 가진 사람이라면 누구나 이 사람이 죽음으로 이어지는 넓은 길을 걷고 있다는 사실을 바로 알 것이다. 그럼에도 그는 멸망을 보고 비웃는다.

좀더 구체적으로 이야기해도 되겠는가?

첫째, 불쌍하고 더러운 죄인인 그의 집은 사망으로, 그의 길은 스올로 기울어졌다(잠 2:18, 5:5, 7:27).

둘째, 맹세하고 도둑질하는 불쌍한 죄인에게 하나님이 저주를 내리셨다. "도둑질하는 자는 그 이쪽 글대로 끊어지고 맹세하는 자는 그 저쪽 글대로 끊어지리라 하니"(슥 5:3).

셋째, 술 취한 불쌍한 죄인이여, 내가 무슨 말을 해야 할까? "에브라임의 술 취한 자들…화 있을진저"(사 28:1), "포도주를 마시기에 용감하며 독주를 잘 빚는 자들은 화 있을진저"(사 5:22), "하나님의 나라를 유업으로 받지 못하리라"(고전 6:9-10).

넷째, 탐욕스럽고 세속적인 불쌍한 죄인이여, 하나님의 말씀은 이렇다. "그의 마음의 욕심을 자랑하며"(시 10:3), "탐하는 자 곧 우상 숭배자는"(엡 5:5), "하나님의 나라를 유업으로 받지 못하리라"(고전 6:9-10, 요 2:15 참고).

다섯째, 거짓말하는 자여, 무엇을 하려는가? "거짓말하는 모든 자들은 불과 유황으로 타는 못에 던져지리니"(계 21:8, 27).

불쌍한 죄인이여, 더 자세히 설명하지는 않겠다. 당신을 아무도 속이지 못하게 하라. "이로 말미암아 하나님의 진노가 불순종의 아들들에게 임하나니"(엡 5:6). 당신에게 조금 더 말하고 이제 그만하겠다.

불쌍한 죄인이여, 잠에서 깨라. 옛적부터 계신 분과 그분의 아들이 세상을 심판하기 위해 오시는 중이다. 잠에서 깨라. 불쌍한 죄인이여, 아직도 잠들어 있는가? 내가 다시 한 번 당신에게 나팔 소리의 경고를 들려주겠다. 하늘이 불타는 화염에 순식간에 휩싸일 것이며, 땅과 그 행한 것들은 불에 탈 것이고, 악인은 영벌에 들어갈 것이다.

죄인이여, 이것을 듣고 있는가?(벧후 3장) 다시금 귀기울이라. 달콤한 죄의 작은 조각들은 완전히 사라지고, 쓰디쓴 불타는 열매만 남을 것이다. 죄인이여, 당신은 이제 무슨 말을 할 것인가? 지옥의 불을 마실 수 있는가? 하나님의 진노가 그렇게도 구미가 당기는 맛있는 음식인가? 죄인이여, 이것이야말로 당신이 지옥에서 매일 먹을 고기와 음료임에 틀림없다.

당신에게 하나님의 무거운 질문을 던지고 이제 그만하겠다. 주님은 "내가 네게 보응하는 날에 네 마음이 견디겠느냐 네 손이 힘이 있겠느냐"(겔 22:14)라고 말씀하신다. 어떻게 생각하는가? 이 질문에 지금 대답할 것인가, 아니면 시간을 두고 대답할 것인가? 당신은 절망하여 모든 것을 감행할 것인가? 이 본문을 당신의 귀에 대어 귀가 열리게 하라. 그래서 주님이 당신에게 자비를 베푸시기를 바란다. "악인에게 그물을 던지시리니 불과 유황과 태우는 바람이 그들의 잔의 소득이 되리로다"(시 11:6). 죄인들이여, 회개하라!

활용 2

두 번째로 옹기장이의 돌림판 위에 있는 사람들에게 전하고 싶다. 이것은 확신과 일깨움이 회심으로 끝날지의 여부를 우리가 알지 못하는 사람들과 관련이 있다. 우리의 확신을 더욱 깊게 하고, 구원을 얻는 은혜에 못 미치거나 부족한 곳에 머물지 않도록 주의를 주기 위해 당신에게 몇 가지를 말해 보겠다.

첫째, 소수가 구원받는다는 사실을 기억하라. 하나님이 당신을 그 소수 중의 하나로 여기신다면 하나님은 얼마나 자비로우신 분인가!

둘째, 그러므로 확신에 대해 감사히 여기라. 모든 확신이 회심으로 끝나는 것은 아니지만, 회심은 확신에서 비롯된다. 우리가 죄인이며 구주가 필요하다는 확신이 드는 것은 크나큰 은혜다. 그러므로 그것을 자비로 여기라. 우리의 확신이 회심으로 끝날 수 있도록 그 확신이 억눌리지 않게 조심하라.

확신을 해로운 것으로 여기는 것은 불쌍한 죄인들이 걷는 길이다. 그래서 그들은 일깨움을 주는 사역을 기피하고, 확신을 주는 양심을 억제하곤 한다. 그와 같은 불쌍한 죄인들은 하녀 가까이에 서 있는 막무가내 아이와 같아서 하녀가 초에 불을 붙이자마자 불어서 꺼 버린다. 확신을 가진 죄인이여, 하나님이 당신의 초에 불을 붙이면 당신은 그 불을 꺼 버린다. 하나님이 다시 그 불을 붙이면 당신은 또 그 불을 꺼 버린다. 그렇다. "악인의 등불이 꺼짐과…몇 번인가"(욥 21:17). 결국 하나님은 더 이상 당신의 초에 불을 붙이지 않으실 것이다. 그러면 당신은 애굽 사람들처럼 하루 종일 어둠 속에서 살면서 더 이상 빛을 보지 못하다가 지옥 불의 불빛을 보게 될 것이다.

그러므로 하나님께 영광을 돌리라. 그리고 그분이 당신의 양심을 일깨우신다면 당신의 확신이 소멸되지 않도록 하라. 예레미야 선지자가 했던 이 말을 들으라.

> "그가 어둠을 일으키시기 전, 너희 발이 어두운 산에 거치기 전, 너희 바라는 빛이 사망의 그늘로 변하여 침침한 어둠이 되게 하시기 전에 너희 하나님 여호와께 영광을 돌리라"(렘 13:16).

1. 최악의 상황을 기꺼이 마주하라. 지옥에서 그 상황을 마주하느니 이 땅에서 마주하는 것이 낫다. 여기서든 거기서든 어차피 고통을 맛보는 것은 마찬가지기 때문이다.
2. 작은 죄를 경계하라. 작은 죄는 큰 죄를 위해 길을 열어 줄 것이고, 다시 더 큰 죄에 길을 열어 주어 하나님의 진노가 뒤따르게 할 것이다. 그래서 당신의 끝은 처음보다 더 나빠지게 될 것이다(벧후 2:20).

3. 나쁜 친구와 악한 대화를 조심하라. 이는 좋은 습관을 변질시킬 것이다. 악한 친구는 당신이 하나님을 따르지 못하게 방해하고 다른 신, 즉 마귀를 섬기도록 유혹할 것이다. "여호와께서 너희에게 진노하사 갑자기 너희를 멸하실 것임이니라"(신 7:4).

4. 회개를 미루는 것과 같은 생각을 주의하라. 이로 인해 멸망 당할 수 있기 때문이다(잠 1:24, 슥 7:12-13).

5. 일부 가련하고 세속적인 신앙 고백자를 본보기로 삼지 않도록 주의하라. 그의 신앙은 혀끝에 있다. 머릿속에 개념을 지니고 있으나 남창처럼 방탕하게 사는 사람을 조심하라(욥 36:14). "지혜로운 자와 동행하면 지혜를 얻고 미련한 자와 사귀면 해를 받느니라"(잠 13:20).

6. 무엇보다도 하나님의 말씀과 기도와 선한 모임에 전심전력을 다하라.

7. 최선을 다하는 행동에 집착하는 죄를 찾기에 힘쓰라. 당신이 예수 그리스도 안에 있지 않으면 모든 것이 헛되다는 사실을 알라.

8. 하나님의 눈은 당신의 마음과 당신이 걷는 모든 길에 집중하고 계심을 기억하라. "여호와의 말씀이니라 사람이 내게 보이지 아니하려고 누가 자신을 은밀한 곳에 숨길 수 있겠느냐 여호와가 말하노라 나는 천지에 충만하지 아니하냐"(렘 23:24).

9. 죽음과 심판에 관해 자주 묵상하라(전 11:9, 12:14).

10. 그리스도를 간과한 죄인들이 죽음과 심판의 날에 맞이할 끔찍한 최후에 대해 자주 생각하라(히 10:31).

11. 그리스도의 심판 보좌 앞에서 죄의 짐을 지고 서 있다고 자주 생각하라. 그리고 스스로 이렇게 생각해 보라. "혹시 내가 지금 심판관 앞에 있다면 나는 어떻게 보일까? 나는 얼마나 바들바들 떨고 있을까?"

12. 모든 자비를 놓치고 지금 지옥에 있는 자들에 대해 자주 생각하라. 나는 종종 그들에 대해 생각하곤 한다. 내가 지금 그렇듯 그들은 한때 이 세상에 있었다. 내가 그렇듯 그들은 한때 죄로 인한 기쁨을 누렸다. 사탄이 나를 조종하려 했듯이 그들은 한때 회개를 소홀히 했다. 그러나 이제 그들은 모두 사라지고 지금 지옥에 있다. 이제 그들을 가둔 지옥은 그 입을 굳게 다물었다.

당신은 멸망 당한 사람들에 대한 당신의 생각을 의심할 수도 있다. "이 불쌍한 피조물들이 이 세상에 다시 존재한다면 그들은 이전처럼 다시 죄를 지을까? 그들은 이전에 그랬던 것처럼 구원을 소홀히 할까? 나처럼 그들이 설교를 들었다면, 나처럼 그들이 성경을 읽었다면, 나처럼 그들에게 좋은 친구가 있었다면, 나처럼 그들이 은혜의 날을 겪었다면 그들은 이전에 그랬던 것처럼 여전히 구원을 소홀히 할까?"

죄인이여, 당신이 이와 같이 진지하게 생각할 수만 있다면 도움이 될지도 모르겠다. 하나님의 축복이 그 위에 임하면 당신을 일깨우고, 회개에 대해 깨어 있게 만들며, 후회할 것이 없는 구원에 이르게 하는 회개로 이끌지도 모르겠다.

누군가 이렇게 말할지도 모른다. "당신은 소수만 구원을 받을 거라고 말했습니다. 어떤 사람들은 위대한 길을 가겠지만, 어떤 사람들은 구원받지 못한다는 사실에 힘이 빠지고 낙심됩니다. 더 이상 나아가지 않는 게 낫겠다는 생각도 듭니다. 나는 참으로 확신을 가지고 있지만 멸망할지도 모릅니다. 죄를 계속 짓는다면 나는 멸망할 수밖에 없습니다. 내가 구원받을 확률이 10분의 1, 20분의 1, 100분의 1이라면 천국을 위해 정말 열심히 노력해야만 합니다."

그러나 소수만이 구원받을 것이라는 사실은 틀림없는 진리다. 그리스도께서 그렇게 말씀하셨기 때문이다. 많은 사람들이 떠나 천국에 이르지 못한다는 것 역시 사실이며 동일하게 입증되었다. 그러면 무엇을 해야 하는가?

"차라리 아무것도 구하지 않는 편이 나을까?" 누가 우리에게 그렇게 말했는가? 소수만 구원받기 때문에 차라리 아무것도 구하지 말아야 하는가? 이것은 들어가기를 힘쓰라는 성경 말씀과 반대되는 것이다. 천국의 문이 좁으므로 들어가기를 힘쓰라는 본문 말이다. 들어가기를 구하여도 들어가지 못하는 자가 많으리라는 본문 말이다.

그 길이 지옥으로 향하는 길인 것을 알면서도 왜 다시 돌아가는가? 지옥으로 가는 울타리와 도랑을 절대 넘지 말라. 내가 만일 그곳에 가야만 한다면 가장 멀리 돌아갈 것이다. 비록 구원받는 사람이 많지는 않겠지만, 당신이 그 몇 안 되는 사람 중의 하나일지 누가 알겠는가?

생명을 놓친 사람들은 멸망 당한다. 그들은 죄를 없앨 수 없기 때문이며, 구원을 얻는 복음의 믿음이 부족한 신앙 고백을 하기 때문이다. 그들이 멸망 당하는 것은 불로 시험받을 때 구원을 얻는 은혜로 입증되지 못하는 것들에 만족하기 때문이다. 그렇지만 않으면 구원의 약속은 거저 주어지고, 완전하며, 영원하다.

"내가 결코 내쫓지 아니하리라"(요 6:37).

"하나님이 세상을 이처럼 사랑하사 독생자를 주셨으니 이는 그를 믿는 자마다 멸망하지 않고 영생을 얻게 하려 하심이라" (요 3:16).

그러므로 소수가 구원받을 것이라는 생각이 당신의 마음을 약하게 만들도록 내버려두지 말라. 오히려 그와 같은 생각이 당신의 속도를 조정하고, 부르짖음을 교정하고, 천국을 향한 우리의 뿌리가 보기 좋게 변화되는 원인이 되게 하라. 그와 같은 생각이 죄로부터 그리스도를 향해 더 빠르게 이동하도록 하게 하라. 그 생각이 당신을 계속해서 일깨우게 하고, 세속적인 안심에서 벗어나게 하라. 그러면 구원받을 수 있을 것이다.

활용 3

세 번째로 신앙 고백자들에게 전하고 싶다. 내가 다시 한 번 당신에게 나팔 소리의 경고를 들려주도록 허락해 주기를 바란다. 모든 사람이 천국에 갈 수 있다고 주장하지만, 소수만 천국을 유업으로 받을 수 있을 것이다. 소수의 신앙 고백자들을 말하는 것이다. 내가 이미 증명했고 성경 본문도 이렇게 말하기 때문이다. "내가 너희에게 이르노니 들어가기를 구하여도 못하는 자가 많으리라." 그러므로 수많은 신앙 고백자들이여, 내가 이 문제에 대해 조금 훈계하겠다.

첫째, 우선 혀에만 신앙이 있는 신앙 고백자들부터 시작해 보겠다. 세상의 무리보다 말을 더 잘할 수 있을 뿐, 그들에게 거의 또는 전혀 알려지지 않은 사람을 의미하는 것이다. 내 말을 좀 들어 보라. "내가 사람의 방언과 천사의 말을 할지라도 사랑이 없으면…내가 아무것도 아니요"(고전 13:1-2). 즉 하나님과 그리스도, 성도, 거룩함을 사랑하지 않으면 하나님의 자녀도 아니며 천국과는 아무런 관계도 없다는 의미다. 수다스러운 혀로는 천국의 문을 열 수 없으며, 심판자의 눈을 가릴 수 없을 것이다. 주의하라.

"마음이 지혜로운 자는 계명을 받거니와 입이 미련한 자는 멸망하리라"(잠 10:8).

둘째, 신앙 고백을 이용해서 빵을 곡식을 방앗간에 가져가 이득을 보려는 탐욕스러운 신앙 고백자들도 역시 조심하라. 이득은 경건한 것이 아니다. 가룟 유다의 신앙은 대부분 돈 가방에 있었지만, 그의 영혼은 지금 지옥에서 불타고 있다. 모든 탐욕은 우상 숭배다. 사람들이 더러운 재물을 위해 신앙을 가질 때 그것을 무엇이라고 부를 것인가?(겔 33:31)

셋째, 성경을 잘못 전하고, 교만하고, 흥청망청 즐기고, 가증스러운 우상 숭배를 지속하는 음탕한 신앙 고백자들에게 할 말이 있다. 베드로가 말하는 것을 읽어 보라. 이러한 사람들은 타인을 유혹하고 멸망하게 하는 자들이다.

"그릇되게 행하는 사람들에게서 겨우 피한 자들을 음란으로써 육체의 정욕 중에서 유혹하는도다"(벧후 2:18).

게다가 성령은 건강을 위해서가 아닌 식탐을 위해서 두려움 없이 먹는 이러한 사람들에게 강하게 맞서실 것이다(유 12). 또한 베드로는 대낮에 흥청대는 것을 낙으로 여기는 사람들에게는 티와 흠이 있다고 말하고 있다(벧후 2:13).

"하나님은 당신의 악함을 정당화하기 위해 자신의 말씀을 주셨는가?" 아니면 "은혜는 당신에게 육신을 위하여 간구하는 것과 육신의 정욕을 채우라고 가르치는가?"라고 묻고 싶다. 이러한 사람들은 연약한 본성을 강화시킨다는 구실로 육체의 정욕을 채우기 위해 몸을 배불리는 자들이다. 그러나 기도하고 이 본문을 기억하라. "내가 너희에게 이르노니 들어가기를 구하여도 못하는 자가 많으리라."

넷째, 이번에는 자기주장이 강한 사람들에게 전할 말이 있다. 신앙이 종교적으로 부수적인 부분들에만 치중되어 있는 사람들을 말하는 것이다. 요즘 이 시대는 이러한 부류의 사람들로 넘쳐나고 있다. 이들은 자신의 의견에 집착한 나머지 정도에서 벗어난 상태임에도, 자신의 방식에 맞지 않는 것은 모두 정도에서 벗어났다고 생각한다. 기도하라. 그리고 이 본문을 주시하라. "내가 너희에게 이르노니 들어가기를 구하여도 못하는 자가 많으리라."

다섯째, 형식주의자도 여기서 예외는 아니다. 이러한 사람들은 모든 것을 잃어버리고 신앙의 껍데기만 취하는 자들이다. 그들은 자기 나름의 형식에 대해서는 열정적이고, 그 형식을 위해 모든 것을 걸고 싸운다. 그러나 그들의 형식은 경건의 능력과 영혼이 없어 자신을 죄 안에 그대로 내버려둘 것이다(딤후 3:5). 아니, 그들은 지금 하나님이 보시기에 죄 가운데 서 있고 들어가기를 구하여도 못하는 많은 자들 중 하나다.

여섯째, 다음은 율법주의자의 차례다. 그들은 생명이 없고 의무감으로 행하기만 하는 자들이다. 이러한 사람들은 세상을 고발하는 모세에 의해 서거나 넘어진다. "너희를 고발하는 이가 있으니 곧 너희가 바라는 자 모세니라"(요 5:45).

일곱째, 방종주의자(libertine)에 대해 말하겠다. 그들은 자유를 구속하는 것 같은 형식과 의무에 맞서는 척하며 하나님의 질서를 무시한다. 그들은 늘 기도하는 척하지만 그것은 위장일 뿐이며, 사실은 전혀 기도하지 않는다. 그들은 안식일을 매번 지키는 척하지만, 그러한 가식은 하나님을 예배하기 위해 정해진 시간을 소비하는 것에 지나지 않는다(딛 1:16). 이와 같은 사람들 역시 들어가기를 구하여도 못하는 많은 자들 중 하나다.

여덟째, 기회주의적인 자유주의자(latitudinarian)도 있다. 이러한 사람들에게는 하나님이 없으며, 자신의 배(belly)를 숭배하는 신앙 외에는 그 어떠한 신앙도 없다. 그들의 신앙은 항상 시류처럼, 첨탑 위의 수탉처럼 이리저리 왔다갔다한다. 그들에게는 무감각해져 버린 양심 외에는 아무것도 없고, 그들은 노골적인 무신론자의 이웃쯤 된다. 이와 같은 사람 역시 들어가기를 구하여도 못하는 많은 자들 중 하나다.

아홉째, 또한 고의적으로 무지한 신앙 고백자나, 십자가에 대한 두려움으로 더 많이 알기를 무서워하는 자가 있다. 그들은 진리를 골라서 선택하고, 자기를 부르신 분의 고귀한 이름을 위해 모든 위험을 무릅쓰려 하지 않는다. 그들은 논증에 의해 생각이 바뀌거나 양심이 깨어날 때에야 모든 것을 뜯어고치려고 한다.

나는 이러한 믿음으로 자라지 않았다. 마치 처음에 회심할 때 배웠던 것보다 더 많이 아는 것이 그리스도인에게 불법인 것처럼 생각하는 것 말이다. 이러한 사람들을 반대하는 성경 말씀은 거대한 총의 총구들처럼 수없이 많다. 그리고 이와 같은 사람들 역시 들어가기를 구하여도 못하는 많은 자들 중 하나다.

열째, 여기에 하나님의 말씀 대신 다른 사람과의 비교를 통해 스스로를 그리스도인이라고 증명하는 신앙 고백자도 추가

하겠다. 그들은 남들과 비교하여 자신이 이런저런 면에서 거룩하다고 자기 자신을 위로한다. 또한 그는 옛 신앙 고백자만큼 잘 안다고 여기며 천국에 들어갈 것이라고 단정짓는다. 마치 그는 자신과 비교된 사람들도 당연히 구원받았을 것이라고 확신하는 것 같다.

그러나 그것이 잘못된 생각이라면 어떻게 할 것인가? 아니, 그들 모두 천국에 이르지 못한 것은 아닌가? 확실한 것은 그가 비교를 한 것이 잘못이라는 사실이다. 옳지 않은 토대는 심판의 날에 바로 서지 못할 것이다(고후 10:12). 따라서 이와 같은 사람도 들어가기를 구하여도 못하는 많은 자들 중 하나다.

열한째, 하나님도, 바알도 섬기는 또 다른 종류의 신앙 고백자가 있다. 그들은 어떤 집단이든 맞춰서 살 수 있다. 그들은 양손으로 돌을 던질 수 있다. 그들의 신앙은 친구를 바꾸듯이 빨리도 바뀐다. 그들은 물 속에서나 물 밖에서도 살 수 있는 애굽의 개구리 같아서 종교 집단 안에서도 밖에서도 살 수 있다. 아무리 무질서해도 그는 불편해하지 않는다. 그들은 토끼를 쥐고 사냥개와 함께 달릴 것이다. 그들은 한 손에는 불을, 다른 한 손에는 물을 들 것이다. 필요하다면 어떤 사람이든 될 수 있다. 이와 같은 사람도 들어가기를 구하여도 못하는 많은 자들 중 하나다.

열두째, 또한 회심할 때 성령의 절대적인 역사를 거부하는 자유의지자(free-willer)가 있다. 죄와 관련하여 하나님을 만족하게 하신 그리스도를 부인하는 소키누스주의자(Socinian)가 있고, 그리스도의 인격 안에 있는 두 가지 본성을 손상시키는 퀘이커교도(Quaker)도 있다. 지금 죽어 가고 있고 멸망 당할 사람들에 대해서 나는 더 많은 것을 덧붙일 수 있다. "들어가기를 구하여도 못하는 자가 많으리라."라고 성경은 명확히 말하고 있다.

활용 4

그렇다면 수많은 신앙 고백자들이 심판의 날에 직면하게 될 뜻밖의 실망이 얼마나 클까! 나는 지금 세속적인 삶을 사는 사람들에게 말하는 것이 아니다. 선과 악을 일반적으로 이해하는 모든 사람들은 자신이 지옥과 멸망으로 향하는 넓은 길에 있다는 것을 알고 있다. 그들은 그 길로 갈 수밖에 없다. 그것을 막고 구원으로 향하게 하려면 회개 외에는 방법이 없다. 다만 하나님이 그들을 구원하시기 위해 거짓말쟁이인지 아닌지 직접 증명하시는 경우는 예외인데, 이것은 험난한 모험에 해당된다.

실패한 신앙 고백자들과 관련하여 성경에서 간략히 언급된 본보기들을 살펴보면 틀린 것이 하나도 없다.

첫째, 사도들 중에 가룟 유다는 멸망 당했다(행 1장).

둘째, 복음 증거자들 중 데마는 멸망 당한 것 같다(딤후 4:10).

셋째, 사역자들이나 교회의 직분자들 중에 디오드레베는 멸망 당했다(요삼 9).

넷째, 그리고 기독교 신앙 고백자들 중 상당수와 거의 모든 교회가 타락했다(딤후 1:15, 계 3:4, 15-17).

다섯째, 덧붙이자면 이와 관련하여 성경에서 언급된 것들은 나중에 일어날 일에 대한 간단한 전조이며 일부에 불과하다. 바울은 이렇게 말했다.

> "어떤 사람들의 죄는 밝히 드러나 먼저 심판에 나아가고 어떤 사람들의 죄는 그 뒤를 따르나니"(딤전 5:24).

그러므로 같은 처지의 신앙 고백자들이여, 두려운 마음을 갖자. 안식에 들어갈 것이라는 약속을 받은 우리 중 어느 누구도 그곳에 이르지 못하는 일이 없도록 말이다. 그곳에 이르지 못한다는 것! 그것처럼 괴롭게 하고 아픔을 주는 것은 없다. 나는 지금 낙심이 아닌 일깨움을 주려는 것이다.

교회는 일깨움이 필요하며, 모든 신앙 고백자들도 마찬가지다. 그러므로 나를 업신여기지 말고 내 말에 거듭 귀기울이라.

수많은 신앙 고백자들이 심판의 날에 직면하게 될 뜻밖의 실망이 얼마나 클까! 이 실망에 대해서 몇 가지 이야기해 보겠다.

첫째, 그들은 지옥을 피할 것이라고 여기지만 지옥의 입 속에 떨어지고 말 것이다. 얼마나 실망스럽겠는가!

둘째, 그들은 천국을 바라고 있지만 천국의 문은 그들 앞에서 닫히고 말 것이다. 얼마나 실망스럽겠는가!

셋째, 그들은 그리스도께서 자신을 측은히 여기실 것이라고 기대하지만, 그리스도께서 모든 긍휼의 마음을 닫아 버리신 사실을 보게 될 것이다. 얼마나 실망스럽겠는가!

활용 5

이러한 실망이 무서운 만큼 분명히 매우 놀랍기도 할 것이다.

첫째, 멸망 당할 사람들은 예기치 않게 생명과 구원에서 배제된 사실에 놀라지 않을까?

둘째, 그들은 자신들의 영혼을 어떻게 허비하며 시간을 보낼지에 대해 생각하는 스스로의 광기와 어리석음을 보고 놀라지 않을까? 그들을 구원할 은혜를 경시하다가 결국 멸망의 상황에 놓일 텐데 말이다.

셋째, 평생 서로를 영생의 동반 상속자로 여겼던 사실을 기억하며 상대편을 보고 놀라지 않을까? 선지자의 말이 암시하듯이 그들은 서로 바라보고 놀라며 얼굴이 불꽃처럼 달아오를 것이다(사 13:8).

넷째, 그들은 멸망 당할 사람들 중 일부가 지옥에 떨어지는 것을 보고 놀라워하지 않을까? 그들은 하나님의 말씀을 전하는 자들, 말씀에 대해 고백하는 자들, 말씀을 실천하는 자들이 지옥으로 향하는 것을 보게 될 것이다. 바벨론의 왕이 멸망할 때 그들은 얼마나 놀라겠는가? 모든 것을 삼켜 버릴 것이라고 생각했던 그 왕이 메데와 바사에게 짓밟혔기 때문이다.

> "너 아침의 아들 계명성이여 어찌 그리 하늘에서 떨어졌으며 너 열국을 엎은 자여 어찌 그리 땅에 찍혔는고"(사 14:12).

이와 같은 일이 그들을 놀라게 한다면, 머리가 구름에 닿은 자가 지옥으로 내려가 그곳에서 배설물처럼 영원히 멸망 당하는 것을 보는 것이 그들에게 얼마나 놀라운 일이겠는가?

> "아래의 스올이 너로 말미암아 소동하여 네가 오는 것을 영접하되 그것이 세상의 모든 영웅을 너로 말미암아 움직이게 하며 열방의 모든 왕을 그들의 왕좌에서 일어서게 하므로"(사 14:9).

그들은 주목하여 자세히 살펴보며 이렇게 말할 것이다. "이 사람이 그 사람인가? 신앙을 고백하고, 논쟁하며, 우리를 저버렸던 그가 이제는 우리에게 오고 있는 건가? 우리와 구별되었던 이 사람이 이제는 우리와 함께 영원한 멸망으로 추락하고 있단 말인가?"

활용 6

신앙 고백자들을 일깨울 수 있을지도 모르니 한마디만 더 하겠다. 가련하고 세속적인 세상은 분명히 멸망할 것이다. 그들은 아래에서 소개할 요인이 부족한 나머지 그 슬픔이 한결 깊어질 것이다. 이 슬픔은 우리가 세상에 있었을 때 처했던 상황에 대해 생각할 때마다 직면하게 될 슬픔이기도 하다.

첫째, 그들이 지옥으로 향할 때 그들을 붙들어 줄 신앙 고백이 없을 것이다.

둘째, 그들이 지옥을 향할 때 그들을 붙들어 줄 잃어버린 천국에 대한 경험이 그들에게는 없을 것이다.

셋째, 그들이 지옥을 향할 때 그들을 붙들어 줄 천국에 거의 다 왔다는 생각을 할 수 없을 것이다.

넷째, 그들이 지옥을 향할 때 그들을 붙들어 줄 성도와 사역자와 교회를 어떻게 속였는지에 대한 생각을 할 수 없을 것이다.

다섯째, 그들이 지옥을 향할 때 그들을 붙들어 줄 거짓 믿음, 거짓 소망, 거짓 회개, 거짓 거룩함으로 죽을 생각을 하지 못할 것이다. 그들은 "내가 천국의 문 앞에 있었고, 천국 안을 들여다보았고, 천국에 들어갈 수 있을 거라고 생각했다."라고 말할 것이다. 이 얼마나 고통스러운 일인가! 이른바 지옥 불 속에서 느끼는 죽음의 고통 중의 고통이라고 부를 수 있을 것이다.

활용 7

마지막으로 작은 충고 한마디만 더 할 수 있도록 허락해 주기를 바란다.

첫째, 당신은 자신의 영혼을 사랑하는가? 그렇다면 일깨워진 마음을 위해 예수 그리스도께 기도하라. 그렇게 다른 세상의 모든 것들에 관한 깨달음을 얻은 마음으로 인해 예수 그리스도의 시선을 끌게 해달라고 기도하라.

둘째, 그리스도 앞으로 나아갈 때 죄와 지옥, 은혜, 그리고 그리스도의 의에 대해 더 많은 깨달음을 달라고 간구하라.

셋째, 어떤 것이 구원을 얻는 은혜인지 아는 분별의 영을 달라고 외치라.

넷째, 그 어떤 공부보다도 죄의 악함을 보여 주는 것들, 짧은 인생, 구원을 얻는 길에 관한 공부에 전심전력을 다하라.

다섯째, 신앙 고백자들 중에 가장 경건한 사람들과 가깝게 지내라.

여섯째, 진정한 은혜의 속성이 무엇인지 들을 때 이 은혜가 자기 마음속에 있는지 스스로에게 묻는 것을 주저하지 말라. 그리고 다음의 사항들을 유의하기를 바란다.

1. 자신이 설교자라면 건전하고 올바른 삶을 살고 있는지 유의하라.

2. 자신이 그럴 듯해 보이는 은혜를 참은혜로 오해하고 있지는 않은지, 그럴 듯해 보이는 열매를 참열매로 오해하고 있지는 않은지 유의하라.

3. 자신의 죄를 회개하지 않고 살아가는 것은 아닌지 유의하라. 죄는 우리의 증언에 흠을 만들고, 양심에 상처를 내고, 평안에 틈을 만들 것이다. 만일 죄가 끝내 우리 안에 있는 모든 은혜를 마음의 어두운 한구석으로 몰아넣지 않는다면, 우리는 복음 안에서 불타오르는 모든 횃불로 인해 한동안 죄를 발견할 수 없을 것이고, 위로와 위안을 얻게 될 것이다.

사명선언문

너희가 흠이 없고 순전하여……세상에서 그들 가운데 빛들로
나타내며 생명의 말씀을 밝혀 _ 빌 2:15~16

1. 생명을 담겠습니다

만드는 책에 주님 주신 생명을 담겠습니다.
그 책으로 복음을 선포하겠습니다.

2. 말씀을 밝히겠습니다

생명의 근본은 말씀입니다.
말씀을 밝혀 성도와 교회의 성장을 돕겠습니다.

3. 빛이 되겠습니다

시대와 영혼의 어두움을 밝혀 주님 앞으로 이끄는
빛이 되는 책을 만들겠습니다.

4. 순전히 행하겠습니다

책을 만들고 전하는 일과 경영하는 일에 부끄러움이 없는
정직함으로 행하겠습니다.

5. 끝까지 전파하겠습니다

모든 사람에게, 땅 끝까지, 주님 오시는 그날까지
복음을 전하는 사명을 다하겠습니다.

서점 안내

광화문점 서울시 종로구 새문안로 69 구세군회관 1층
02)737-2288 / 02)737-4623(F)

강남점 서울시 서초구 신반포로 177 반포쇼핑타운 3동 2층
02)595-1211 / 02)595-3549(F)

구로점 서울시 동작구 시흥대로 602, 3층 302호
02)858-8744 / 02)838-0653(F)

노원점 서울시 노원구 동일로 1366 삼봉빌딩 지하 1층
02)938-7979 / 02)3391-6169(F)

일산점 경기도 고양시 일산서구 중앙로 1391 레이크타운 지하 1층
031)916-8787 / 031)916-8788(F)

의정부점 경기도 의정부시 청사로47번길 12 성산타워 3층
031)845-0600 / 031)852-6930(F)

인터넷서점 www.lifebook.co.kr